我为末代皇帝溥仪保大媒

保大媒 溥仪

沙曾熙 刘淑云 —— 忆述

王庆祥 —— 整理

团结出版社

本书忆述者沙曾熙、刘淑云夫妇合影。正是由于二位月下老人的热心撮合，才成就了溥仪和他的平民妻子李淑贤的美好姻缘

1962年4月30日，溥仪与平民妻子李淑贤在全国政协文化俱乐部（今北京市东城区南河沿大街欧美同学会会址）举行婚礼。图为当时热闹的婚礼场面。照片最右侧两位为媒人沙曾熙、刘淑云夫妇

1964年五一劳动节，溥仪夫妇在收听收音机里的节目

溥仪和妻子李淑贤在东观音寺甲22号
自家院内乘凉聊天

溥仪和李淑贤结婚后的合影

1959 年 12 月，经过改造后回归社会成为普通公民的溥仪与族弟溥俭和五妹韫馨在天安门前合影

1961 年溥仪被中共中央统战部任命为全国政协文史资料研究委员会专员。图为溥仪与周振强（右一）、王耀武（右二）、杨伯涛（左一）等文史专员在一起

溥仪在他的后半生中工作的情形

溥仪来到无锡泥人研究所参观

1963 年 11 月 10 日，周恩来总理在人民大会堂福建厅接见溥仪夫妇

全国政协文史资料研究委员会副主任沈德纯（中）、文史办公室副主任张述孔（左）探望病中的溥仪

1967 年 10 月 17 日，溥仪逝世；1980 年 5 月 29 日，党和政府为其举行了追悼会。图为溥杰、李淑贤等人在溥仪的追悼会上

溥仪去世后，其极富传奇色彩的人生经历被拍成了纪录片。图为爱新觉罗家族成员观看纪录片《中国末代皇帝——溥仪》

溥仪去世以后，其骨灰长期安置在北京八宝山群众公墓，其间，李淑贤经常到八宝山群众公墓祭奠丈夫，直到1980年5月，溥仪的骨灰被移至八宝山革命公墓

受溥仪"托梦移陵"的影响，1995年1月26日，李淑贤将溥仪的骨灰迁往河北易县清西陵侧近的华龙皇家陵园。图为李淑贤手捧溥仪的骨灰盒在华龙皇家陵园落葬

　　1994 年在王府饭店，李淑贤、王庆祥（本书整理者）与王滨小姐，以及联合国亚洲协会领导人和专家，共同审阅溥仪生平历史资料照片

　　李淑贤在团结湖家中与辽宁人民出版社编辑袁闾琨等商谈《溥仪与我》书稿事宜

　　李淑贤从 1979 年开始与王庆祥合作，撰写溥仪生平系列著作

　　李淑贤正在翻阅上海人民出版社编辑送来的《爱新觉罗·溥仪画传》样书

　　1993 年 9 月 20 日，李淑贤与常驻联合国中国代表团陈健大使合影

1995 年 5 月 16 日，李淑贤第二次来到长春，刘淑云及孙女沙怡平同行。图为她们在王庆祥家欢聚时的情景

1967 年溥仪去世后，李淑贤将家里所有的贵重物品，包括溥仪的照片、日记、往来书信等都放在一个棕色小皮箱里。此小皮箱曾存放在好友张静蓉家里。图为张静蓉和她的女儿合影

1980 年 6 月 12 日，李淑贤搬至全国政协为其分配的位于团结湖畔的新家。图为李淑贤在团结湖畔温馨的家里

2013 年沙曾熙、刘淑云夫妇与孙女沙怡平合影

2013 年沙曾熙、刘淑云夫妇与王庆祥合影

溥仪举行结婚典礼的地方——全国政协文化俱乐部
（今北京市东城区南河沿大街欧美同学会会址）

溥仪在抚顺战犯管理
所亲笔撰写的一篇短文

长春伪满皇宫博物院展出李淑贤捐献的溥仪的各种证件

刘淑云至今珍藏的李淑贤所赠的
纱巾等物品

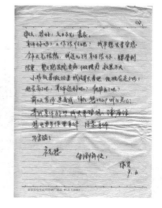

长春伪满皇宫博物院展出的李淑贤捐献的溥仪日记

李淑贤致沙曾熙夫妇的信

序　言

　　沙曾熙、刘淑云夫妇都已到耄耋之年，所以要写这部回忆录，是因为他们都曾是爱新觉罗·溥仪先生的朋友，又都是李淑贤的朋友，相互有几十年亲密交往。他们不图名利，无求于人，只想把他们所深知的溥仪与李淑贤婚前婚后的工作、生活、爱情等鲜为人知的事实，以及溥仪去世以后李淑贤为丈夫出版生平著作、维护著作权益等活生生的故事和真真切切的情景，还有那故事和情节背后的真相，真实地呈现在读者眼前，以供后人了解和评说。

　　溥仪出任清朝宣统皇帝和伪满康德皇帝后，与婉容、文绣举行过皇家大婚典礼，又先后册封谭玉龄、李玉琴为"贵人"。被特赦释放以后则与李淑贤结为平民夫妇，相依终老。虽说已属平民百姓，但因曾经的皇帝名号，生活又岂能风平浪静，无声无息？

　　走进新社会的溥仪本已有了幸福归宿，却又偏偏碰上"文革"；而生活在改革开放好时代的李淑贤，竟也麻烦不断！李淑贤的晚年生活中，连任四届政协委员，六度乔迁居所，访法访美……毫无疑问，她托福于中国末代皇帝的同时，也代溥仪做了很多他想做却未能完成之事。李淑贤的一生，从溥仪逝世直到她也离世，做了很多与溥仪有关的有意义的事的同时也历尽沧桑：她与人合作撰写回忆录；全力支持大导演拍摄呈现溥仪晚年生活的电影；整理并捐赠了现已列为"国家一级文物"的溥仪遗稿、遗物；历

1

经 10 年打赢了号称"中国著作权第一案"的官司……然而她的人生最后一幕却很悲凉！她把本已从八宝山群众公墓转入革命公墓的溥仪骨灰，移葬于河北省易县的商业墓园，降格就俗，是大遗憾！她刚刚离世其遗物就招致争夺，以及临终时的孤独、凄凉，也令人扼腕叹息。作为最知内情的人，不说出来，沙曾熙、刘淑云夫妇心里不好受啊！他们是李淑贤的真情密友，但绝不讳谈她的缺憾！他们追求真实，更希望留下真实，留下善良，留下外人所不知但却存在的真实，留给后人去评说。这就是本书两位忆述者的终极目的。

"皇帝"爱上普通女子，没有任何特殊之处，说明溥仪真正脱胎换骨了，完完全全是一个普通老百姓了。

王庆祥
2015年3月10日

目　录
CONTENTS

第一章
"大媒人"的由来

　　1959年12月4日，爱新觉罗·溥仪，中国历史上最后一位封建皇帝，也是经中国共产党改造后回归社会成为公民的一位特殊历史人物，就是在这一天获得新生。党和政府对溥仪被特赦释

溥仪、溥俭和五妹韫馨在天安门前

放后的工作和生活给予了极大关怀和帮助，在生命的最后8年里，他度过了一生最自由、幸福和美好的时光。因为这8年，他不但有了新生，还得到一位普通女子真挚的爱情。

一、简朴热闹的婚礼

谈到溥仪被特赦释放后的婚姻，我作为溥仪和李淑贤牵手的大媒人，确实能讲出不少故事。

1962年4月下旬，李淑贤在婚前两三天来到我家，她说："政协出钱让溥仪买一些婚礼衣物等用品。"李淑贤已经跟溥仪到百货大楼去过并选购了一些结婚用品。李淑贤说她只选了一条比较合适的豆绿色西服裙，还买些生活日常用品。因当年国家正处于经济困难时期，溥仪不赞成让公家多花钱。

李淑贤又问我爱人刘淑云："我仅有一件短袖细毛线衫，如果婚礼那天冷，我穿什么合适？"

刘淑云说："几个月前我在百货大楼碰巧买到一件浅豆绿色开司米细毛线开身衫，正好配穿你的裙子，就拿去备用吧。"

李淑贤说："婚礼那天你穿什么呀？"

刘淑云说："这还有一件比较新的黑色中式平绒上衣，平时很少穿，我只好穿黑色的啦。"

一两天后，我们夫妇果然接到全国政协寄来的请柬，受邀前往全国政协文化俱乐部，参加溥仪和李淑贤的婚礼。

1962年4月30日晚6时30分许，我们夫妇准时来到南河沿全国政协文化俱乐部（今北京市东城区南河沿大街欧美同学会会址）。因为翌日是五一国际劳动节，大街上张灯结彩，喜庆热烈，这无疑给溥仪的婚礼增添了欢乐吉庆的色彩。我们到达时正好瞥见溥仪乘坐一辆白色上海牌小轿车前往朝外吉士口迎接新娘。6时50分许，溥仪的婚车慢慢驶进南河沿全国政协文化俱乐部大院，亲朋好友分站左、右两侧，高兴地迎接新人。溥仪首先下车，随后手扶着新娘李淑贤慢慢走向人群，含笑向亲朋招手，一同走向俱乐部北面礼堂——婚礼大厅。

张灯结彩的礼堂现场，布置得简单有序，正面墙上挂着一条"祝贺溥仪、李淑贤新婚典礼"的横幅。出席婚礼仪式的主要有中共中央统战部和北京市委统战部机关领导，以及溥仪的同事，包括政协文史资料研究委员会专员郑洞国（湖南石门人。黄埔军校第一期毕业，参加过北伐战争。抗日战争中率部参加长城抗战、台儿庄会战及缅北反攻战等重大战役。其间历任国民党军长、兵团司令、中国远征军驻印军副总指挥等职。辽沈战役期间出任东北保安司令部副司令长官，驻守长春，在解放军兵临城下之际，于1948年10月19日率部投诚。中华人民共和国成立后历任水利部参事、国防委员会委员、全国政协委员、全国政协常委、民革中央副主席兼黄埔同学会副会长等职）、杜聿明（陕西米脂人。黄埔军校第一期毕业，参加过北伐战争、长城抗战并率部在抗日战争时期屡建功勋。解放战争期间追随蒋介石打内战，历任国民党东北保安长官司令部中将司令，东北、徐州"剿总"副总司令等高级军职。在淮海战役中被解放军俘获，历经10年改造，于1959年12月4日和溥仪同时获特赦释放，1961年3月又同时被安排在全国政协，任文史资料研究委员会专员。1964年任全国政协委员，1978年任全国人大代表、全国政协常委、文史资料研究委员会专员兼军事组副组长。遗著有若干重要的军事回忆录）、王耀武（山东泰安人。1926年毕业于黄埔军校第三期，其间参加过东征。在国民党军队中从排长一直升至集团军总司令。抗战年代曾率第74军在川鄂湘边界抗击日军。日本投降后出任第二绥靖区司令官兼山东省政府主席。1948年9月在济南战役中被俘，历经11年改造生活，于1959年12月4日获特赦释放。1961年3月被安排在全国政协文史资料研究委员会任专员。1964年11月被特邀为全国政协委员，在被特赦释放后的最初几年独身生活，患有脑血管硬化症，1968 年 7 月 3 日病逝）、宋希濂［湖南湘乡人。1924 年入黄埔军校（第一期），参加了东征、北伐。赴日学习军事归来，投身淞沪抗战、南京保卫战和收复兰封的战役，屡建功勋。1938 年出任国民党第 71 军军长。参与武汉会战，继而出任中国远征军第 11 集团军总司令，在滇西缅北对日作战。抗战胜利后追随蒋介石打内战，历任新疆警备司令、华中"剿总"司令、川湘鄂边区"绥靖"公署中将主任等职。1949 年 12 月 19 日在四川大渡河畔被俘，经 10 年改造，于 1959 年 12 月 4 日获得特赦释放。1961 年 3 月起任全国政协文史资料研究委员会专员，1964 年 11 月被特邀为第四届全国政协委员，1978 年当选为第五届全国政协常委。1980 年赴美定居，与子女团聚。他还是黄埔同学会的副会长］、廖耀湘（湖南邵阳人，毕业于黄埔军校第六期，又留学法国，学机械化骑兵。抗战时期从少校升至少将、从连长升至军长，曾率部入缅入印，与日军作战。解放战争时期任国民党第九兵团中将司令官、辽西兵团司令。1948 年 10 月在辽沈战役中被俘，历经 13 年改造岁月，于 1961 年 12 月 25 日获得特赦释放。1962 年 5 月被安排在全国政协任文史资料研究委员会专员，1964 年被特邀为全国政协委员）、周振强（浙江诸暨人。原国民党浙西师管区中将司令兼金华城防指挥。还曾任蒋介石卫士队队长。1949 年被俘，1959 年获特赦释放，1961 年在全国政协任文史资料研究委员会专员，1983 年被特邀为全国政协委员。他是溥仪与李淑贤的婚姻介绍人之一）、郑庭笈（海南文昌人。前国民党第 49 军中将军长。1948 年 10 月在辽沈战役中被解放军俘获，历经 11 年改造生活，于 1959 年 12 月获得特赦释放。1961 年 3 月被安排在全国政协任文史资料研究委员会专员，1983 年被特邀为全国政协委员。他还是民革中央监察委员）、李以劻［广东人。前国民党陆军第 5 军中将副军长兼独立第 50 师师长。1949

年 8 月，在福建省福清县（今福清市）附近率部向我军投诚。其后一度被作为战犯关押，历经 11 年改造生活，于 1960 年 11 月 28 日获特赦释放。1962 年 5 月起在全国政协任文史资料研究委员会专员。1983 年被特邀为全国政协委员。其间，经最高人民法院重新审理，决定撤销原特赦通知书，按投诚人员对待。他和妻子邱文升晚年定居于香港］、沈醉（湖南湘潭人。18 岁加入国民党军统，是戴笠和毛人凤手下的亲信特务，到大陆解放前夕已升任国民党保密局云南站少将站长。1949 年 12 月，当解放军兵临城下，本人亦被控制的情况下，被迫参加了卢汉的云南起义。嗣后被作为战犯关押改造 10 年，于 1960 年 11 月 28 日获特赦释放。继而在北京学习参观三个半月，又赴京郊红星人民公社旧宫大队劳动 1 年。1962 年 5 月安排在全国政协文史资料研究委员会任专员。1967 年 11 月 6 日至 1972 年 11 月 28 日再度置于秦城监狱关押。1980 年经最高人民法院重新审理，撤销原特赦通知书，改按起义将领对待。1981 年 11 月 23 日特邀为全国政协委员。20 世纪 60 年代以来，沈醉先后撰写出版了《军统内幕》《我所知道的戴笠》《魔窟生涯》和《我这三十年》等 100 多万字的文史资料）等，以及溥仪亲属载涛夫妇、溥杰夫妇、几位妹妹，还有女方友人、同事等共百余人。

7 时整，溥仪与李淑贤的婚礼仪式在全国政协文化俱乐部这座典型的皇家庭院内正式开始。

主持婚礼并担任司仪的是全国政协委员、政协机关总务处处长李觉。他简要介绍溥仪、李淑贤的情况后，首先请爱新觉罗家属代表、溥仪的七叔载涛讲话。载涛高兴地致辞："我今天参加这个婚礼，感到非常高兴。希望你们在婚后的新生活里相亲相爱、团结友好、互相学习、取长补短……并祝你们两人和衷共济，白首偕老……"

新郎溥仪接着讲话。他特别高兴，情绪激动，嗓音也大了

溥仪举行结婚典礼之地——全国政协文化俱乐部（今欧美同学会会址）

起来：

　　五一劳动节是劳动人民最愉快的节日。所以，我俩选在这个日子结婚，我们永远不忘这个节日。

　　回忆自己的前半生，那是剥削者、寄生者的可耻的人生。经过10年改造，党的培养教育，今天我成了自食其力的光荣的劳动者。我是一个园艺工作者和文史工作者，而我爱人是我最尊敬的医务工作者，我们在劳动者的节日建立起一个劳动之家，这正是我所追求的幸福。

　　我的新生和做人的一切，都是中国共产党和我们伟大领袖毛主席所给予的。今天我们这个幸福的劳动者家庭，也是党和毛主席给的。在今后的生活中，我们俩一定要互相勉励，互相帮助。让我们团结在党和毛主席周围，团结一致，发奋图强，艰苦奋斗，自力更生，为建设伟大的社会主义祖国奋勇前进!

　　溥仪的讲话很长，是预先精心准备过的，既表达了他的愉快心情、对新生活的美好期待，也表达了他对中国共产党和新社会的感谢之心。新娘李淑贤也被拉上台。司仪走到淑贤面前，很客气地说："还是请新娘满足来宾们的要求吧!"其实她也是早有准备的，只是想能躲过去最好，现在看来非说不行了，她站了起来照本宣科地说道:

　　各位首长、各位同志、各位朋友:

　　今天，各位盛意参加我们的婚礼，谨致以衷心的感谢!我们的结婚，经过了较长时间的了解，彼此都很满意，我们的感情建立在政治、思想一致的基础上。共同的语言和共同的兴趣，把我们两人的命运联结在一起了。今天的典礼说明，我们的感情已经成熟，我们的希望也终于实现了。在这样的时刻，我们不能不由衷地感谢给我们带来了美满家庭的亲爱的党和伟大的社会主义祖国!

　　最后再向诸位致意。

　　接着，全国政协机关领导、北京市委统战部领导和各界人士代表分别讲话致辞。

　　溥仪那天很兴奋，其间不时流露出对新生活的期许和向往，并不时对领导、同事和朋友们的关怀表示由衷的感谢。在简短热烈的婚礼仪式后，参加婚礼的来宾陆续离去。溥仪夫妇特意把部分同事和好友留下茶叙——围着长桌喝茶、聊天，以表达一份特殊的感激之情。留下茶叙的主要有杜聿明、王耀武、沈醉、周振强、郑庭笈夫妇和我们夫妇等。溥仪一边殷勤招呼大家坐下喝茶，一边让我们夫妇俩靠近他们坐，并向他的同事和朋友介绍说:"这

溥仪和李淑贤的结婚证

是我的媒人，沙曾熙和沙夫人刘淑云。"大家彼此挥挥手，就坐那儿了聊了起来。

"茶叙"就是喝茶水、聊天，半个多小时吧。话题是溥仪夫妇表达谢意，同事、好友夸赞溥仪找了个好妻子，既贤惠又温柔。王耀武爱开玩笑，风趣地说道："老溥呀，你真会挑日子，明天就是五一节，真是太有意义啦！"溥仪应声说："是啊！五一是劳动人民

热闹的婚礼场面，照片最右侧的两位为媒人、本书作者中的沙曾熙、刘淑云夫妇

出席婚礼的爱新觉罗家族成员合影留念

自己的节日，是个好日子。"我笑着说："老溥挑这个日子，大家都不用耽误工作啊！"我的说法其实来自李淑贤，我和淑云曾问过她：为何婚礼要选在五一劳动节前一天的晚上举办？李淑贤给出的答复是，这样安排一是考虑各位领导和亲朋好友不用专门请假；二是听说按照满族规制，婚礼要在午后太阳落山后举行，但溥仪不愿意别人提起这种古老说法；三是特别强调，溥仪希望以此来表达回归社会成为普通公民一员的深切愿望。人们随声附和，气氛融洽、轻松、自然，溥仪不时露出灿烂的笑容。那天郑庭笈夫人冯丽娟最活跃，她讲话也多，言语间透着一份干练："老溥，你真会选，找了一位白衣战士，这下可遂了你的愿啦。有福气啊！"

溥仪不时望望新娘，乐得合不拢嘴，得意地吸着香烟说道，这还不是托政府和大家的福！不然就要当一辈子鳏夫喽。大家在一片笑声中结束了"茶叙"。

在这个特殊年代里没有婚纱的婚礼上，溥仪和李淑贤的婚典场面挺简单的，只预备了茶水，连香烟都没有，因为香烟在当时是配给，糖块价格很高，3块钱1斤，这些东西是要溥仪自己花钱的，买不起。在我们夫妇的印象中，出席婚典的也就百十个人，全都是溥仪的同事。李淑贤没有做一一介绍，溥仪倒是向我们引见了他的几位同事。颇感遗憾的是，婚礼只留下两张照片，还是临时到场的中国新闻社记者突然间抓拍了这一有趣的场面。就是这个镜头，把末代皇帝溥仪作为公民的新婚时刻永远载入了史册，很有意义。后来，《我的前半生》一书出版，要把记者抓拍那张"茶叙"场面照片放上去。李淑贤还特意把我们夫妇的影像截下去了。我曾为此问过李淑贤，她说，因为给你们两个照得太靠边了，只剩半拉身子，不大好，就截去了。

1962年5月2日，溥仪夫妇"有酒有菜"的新婚酒宴在全国政协宴会厅举行，参加人员主要是溥仪夫妇在京的亲属和新郎、新娘单位主要领导。由于婚宴的操办和花费全部由政协负责，溥仪夫妇事前又没有解释说明，对此当年还闹了点儿小误会。大概是婚宴后不久，我和周振强得知，溥仪夫妇的新婚酒宴已经举办，但没有请我们夫妇与周振强这三个媒人参加，对此我们曾耿耿于怀，认为李淑贤做得不太合适，不近人情。

这场婚礼酒宴是周振强最先知道的。五一劳动节过后，在一个礼拜六，我与周振强在一个晚会上碰到了，或许老周认为李淑贤跟我们夫妇的关系比他更近一些，就问我："你们夫妇知道溥仪又办婚礼酒宴了吗？"我说："不知道。"老周又说："李淑贤不够懂事呀，把咱们媒人一脚踢开了。"我回家就跟老伴说了，刘淑云不以为然："不请就不请，又何必一定要参与那些事！"我可是挺爱批评人的，后来见到李淑贤就批评她："淑贤，你们婚礼酒宴都不请媒人，不合适吧？"李淑贤说："没有啊！我跟溥仪都商量好了，媒人之情一定补上。"她还解释说，婚礼酒宴是全国政协主办的，参宴人员主要是在京的溥仪家族亲属，由溥仪提名单，政协确定并邀请。

不久后的一个星期六晚上，溥仪夫妇专门约请周振强和我们夫妇，在全国政协小食堂设酒宴款待媒人。溥仪提前就打电话来告知。刘淑云刚下班，连衣服都没换就过去了。溥仪挺朴实、挺高兴的，他说："这都是你们媒人帮忙，让我有了一个家。"溥仪说得蛮客气，也挺热情。在困难时期，那顿饭还是挺高档的，若在街面上的饭店还吃不到那样好的东西，给我们夫妇留下深刻印象。

我们夫妇至今还记得那天的菜肴：红烧小排骨、糟溜鱼片、红烧鱼、西红柿炒鸡蛋、炒青菜以及冬瓜海米汤——标准的"五菜一汤"。刘淑云说，那道"糟溜鱼片"是草鱼做的，颜色很白，好像有点甜，有点酸，现在叫"糟溜"，那时候也不知道叫什么，这在当时实属丰盛了。溥仪的月薪只有100元，应酬很多，开销也大，能看出他重情又实在的一面。他在席间多次举杯敬酒，又是夹菜又是递烟，感谢媒人的牵线搭桥，搞得我们夫妇有点不好意思了。

溥仪和李淑贤婚后感情很好，家庭生活可谓美满、温馨、幸福，与我们夫妇往来也更密切了。每当回忆起这桩婚事来，恍如昨日，历历在目，抚今追昔，令人不胜感慨。

溥仪第一个称我们夫妇为"大媒人"，多年以后这个称呼才伴随着"溥仪研究热"而逐渐传开。许多媒体

1963年中秋节，溥仪夫妇在全国政协举办的赏月晚会上

1964年五一劳动节，溥仪夫妇在收听收音机里的节目

朋友经常提出这样的问题："你们夫妇怎么会成为溥仪的大媒人呢？""你们是怎样认识溥仪和李淑贤的，如何做成的媒人？"

要说清楚这看似简单的问题，就得回溯50年前的生活往事，讲述那段鲜为人知的旷世奇缘，以当事人的亲身经历和真实感受，还历史和当事人本来面目。

二、初识李淑贤

初识李淑贤的往事，还得从新中国成立初期的国庆联欢活动说起。1953年国庆节那天，天安门前上午列队游行，联欢活动通宵达旦。当时，我国刚刚取得抗美援朝战争的全面胜利，全国人民欢欣鼓舞，大街小巷张灯结彩，人们载歌载舞，到处欢声笑语，举国上下一片欢腾。青年男女们更为有幸参与国庆游行和联欢活动，并为同党和国家领导人近距离接触而感到兴奋和自豪。当时的游行和联欢多种多样，组织形式也很灵活。阅兵和群众游行结束后，晚上群众又从四面八方进入天安门广场参加晚会，跳舞联欢，尽情抒发心中的喜悦，表达对新生活的无限向往。

由于连续几天的国庆排练和奔波，刘淑云在群众联欢活动中略感疲惫，一位严姓同伴邻居就提议到附近她的朋友家歇脚小憩，一段机缘巧合就此展开。这个坐落在北京天安门广场大中府（现人民大会堂所在地）的四合院，不算大，却挺气派，李雁天夫妇就住在这个院子里。正赶上李淑贤也来此串门，见面打过招呼后相互自我介绍，得知李雁天是李淑贤在北京的"远房大哥"，而她在一家私人诊所当护士，这次偶遇给刘淑云留下深刻印象。两人第二次见面又是巧合。那是 20 世纪 50 年代中期以后了，国家经济建设快速发展，全国人民特别是青年人都有一股努力学习和拼命工作的劲头，希望能用最短的时间，把祖国建设成为像苏联"老大哥"一样的社会主义国家。大约在 1957 年春，刘淑云被单位选派到北京市地方工业职工学校会计班，学习"凭证式记账法"，学期为半年。毕业前的一个假日，刘淑云从学校返回住地时，在北京象来街（今长椿街）宣武门公交站上遇到一张熟悉的面孔——原来李淑贤正在这里等车。两人彼此打量并迟疑了片刻，刘淑云首先开口："你是李淑贤同志吧？我是刘淑云呀，好久不见了，还好吧？"此刻，李淑贤似乎也反应过来了："想起来了，我们见过面的，你到哪儿去呀？"

"刚上完课，正准备回家，你呢？"

"今天我休息，到附近看望一个朋友，在这儿等车。"

两个人就一边等公交车，一边热聊了起来。得知李淑贤已转到朝阳区关厢医院，也正参加医护业务学习，还谈到"反右运动"的近期情况，于是各自留下对方电话，相约多联系，其实此后两人也并无往来。

说来也巧，1958 年夏的一个礼拜天下午，刘淑云在王府井百

年轻时的刘淑云（第二排左二）与会计班的同学

1960 年前后，李淑贤在关厢医院门前与同事们合影

货大楼进门处正好碰上李淑贤出来，两人惊喜地异口同声说："真有缘呀！"刘淑云问道："你们医院今天也休息？"

"我们医院倒班休息不固定，今天刚好我休息。"李淑贤回答说。两人竟因"串休"而巧相遇，感觉好像一下子成了认识多年的老朋友。聊了一阵儿，刘淑云邀请李淑贤到就在附近的家中坐坐、"认认门"，李淑贤客气地说："太麻烦了。"

"不麻烦，乘车两站地就到。"或因盛情难却，李淑贤来到我们家做客。聊天中得知，李淑贤已婚，但没有孩子，爱人在银行工作。

当天还留李淑贤在我们家里吃了晚饭，老刘做的"南方菜"得到李淑贤的赞赏。从此直到离世，"刘淑云做饭好吃"这句话一直都挂在李淑贤嘴边，也因此，"皇家"请客、老刘帮厨的事儿自然地成了惯例。

1957 年在北京象来街宣武门公交汽车站相遇是缘分；1958 年夏在王府井百货大楼门前再相遇还是缘分；"刘淑云做饭好吃"这句话又深深吸引李淑贤，就更是缘分了。用一句"古语"讲"有缘千里来相会"，以后两人接触渐多也就熟识了。到 20 世纪 60

年代初因李淑贤常随医疗队外出，两人只能通通电话，偶尔见面吃顿饭。

早在 1953 年秋，刘淑云与李雁天夫妇相识后一直没有再见面。直到 1959 年以后，因李雁天夫妇常到我们的邻居严女士家串门，曾经与刘淑云见过一面，遂与我们夫妇又有些来往了。李雁天看出我是个文化人，很愿意接近我，就主动走过来串门聊天。李雁天长得一表人才，个头高高的，热情大方，见人自来熟，能说会道，还会写旧诗词。他自称"毕业于东北大学"，早年当过张学良的秘书，爱人胡瑞贞是湖南人。后来得知他们与李淑贤也并没有亲戚关系。

1961 年秋初，我下班回家的路上偶遇李雁天，聊天中得知李淑贤已离婚。李雁天顺便提及"有机会给李淑贤介绍个对象"，我就把这件事儿记挂在心了，也逐渐了解了李淑贤的经历和身世。李淑贤是一位典型的江南女子，皮肤白净，外形苗条，气质典雅，说话轻言细语，文静内敛，举止大方得体。用现在的话说，就是很讲究也挺时髦，只是眼神中不时流露出一丝淡淡的忧郁，总之是一位让你能过目不忘、容易产生好感的女人。

据李淑贤自己讲，她 1924 年出生在浙江杭州，8 岁那年母亲病逝，一个比她大 13 岁的哥哥也过早夭折了。任职于上海中国银行的父亲就把孤苦伶仃的小女儿接往上海与继母同住。从记事起李淑贤就感觉到父母感情不和，每逢过年父亲才回到杭州家里看望一下妻子、儿女，平时则仅仅寄点儿钱维持家人的生计。随着年龄增长，李淑贤才获知父亲很早就在上海有了另外的女人，也就是她后来见到的继母。继母待她很不好，不让她吃饱饭，常为一点儿小事就对她又打又骂。更为不幸的是，14 岁那年她父亲又去世了，家庭生活一下子就没有了着落。继母把李淑贤当成摇钱树，千方百计想把她嫁给有钱有势的老男人，但她坚决不依从，还让继母当众丢了面子，从此她就更遭罪了。有一次继母又打她，令她忍无可忍，逃到在上海的姑妈家。姑妈十分同情她，就把她藏起来了，不料继母又找一些社会闲杂人员，不断到姑妈家门外寻衅滋事。为了避免李淑贤再入"虎口"，姑妈就让住在北平的大女儿把李淑贤接到她家暂避一时。

1942年，李淑贤来到北平投靠姑妈的大女儿即李淑贤的大表姐。大表姐早年家境不错，丈夫是广东籍生意人，但婚后没几年就去世了。表姐则靠一点儿积蓄，再做点儿零工，带着两个孩子和李淑贤艰难度日。在大表姐家里的这段日子，李淑贤的心灵与生活也获得了短暂的平静。然而适逢兵荒马乱的年代，好景不长，还不到一年，她和表姐在北平就已经沦落到靠给人家做零活儿硬撑着养家糊口，真有点儿过不下去了。大表姐就做主把未满20周岁的李淑贤嫁给一个有钱人家的公子哥儿。随后大表姐就带着两个孩子返回广东丈夫的老家生活，李淑贤孤零零地留在了北平。她的丈夫因在外包养女人而令李淑贤这段婚姻名存实亡。1949年以后她丈夫又因"历史反革命罪"获刑，背后人家说她是"国民党军官三姨太"，其结果也就只剩下离婚一途了。

离婚后李淑贤改嫁给中国人民银行的一位普通干部，两人是跳舞认识的。这位银行干部住在廊坊头条，婚后在一起生活不到两年，也没有怀孕生子。起初要给李淑贤介绍溥仪时，刘淑云还觉得奇怪："她有丈夫啊！"那当然就是指她的第二任丈夫——银行职员。我这才说起刚刚听到的事儿，"两人还是谈不来"，又于1960年离婚，以后再也不提这段事情了。

附带说一说李淑贤的第一任丈夫刘连升。2008年有人撰文《我所知道的刘连升一二》，专谈李淑贤的第一任丈夫刘连升。撰文者是在黑龙江"知青6连"插队劳动期间认识了刘连升这个被民间称为"二劳改"的刑满就业者，他是在1969年珍宝岛事件后从兴凯湖附近归属于北京公安局的劳改农场、因"疏散"而转迁到"旭光52团"的劳改就业人员。当年每个知青连队都有这类就业人员，六连就分来了8个，时在1969年初夏。有几位的大名至今仍然记得：袁世恭、杜冲、张兰等，当然也包括刘连升。这几个人刚来时行动怪异，只要一出房屋就自觉排成一行，低头行走。见人说话，开口必以"您"字当先，这些习惯可能就是在兴凯湖长期生活留下的烙印吧。头两年知青们谁也不敢接近刘连升，后来才与他有所接触，听他讲自己的故事。

刘连升可以说是一表人才，细高挑，约一米八的个头，戴着眼镜，显得文质彬彬。在几名"二劳改"中，他是唯一的政治犯，与那些刑事犯"二劳改"完全是两种气质。刘连升的老家在北京前门外廊坊三条，早年毕业于辅仁大学，而且是学校篮球队队员，经常出入北平各大社交娱乐场所。传说刘连升的"国标"跳得好，是舞场高手。1949年以前他一直在北平警察局当处长，会几国外语，是在日伪时期、国民党时期、新中国成立后初期都能吃得开的"三开"文人、能人。北平和平解放，他也应该算是"起义官员"，就因为怕新政府清算旧账，便隐名埋姓地躲了起来，这一躲可把自己弄成了"历史反革命"，他当年若不躲还很可能就是"民主人士"呢！

他是在舞场上认识李淑贤的，1943年把李淑贤作为姨太太娶进家门，20世纪50年代中期以"历史反革命罪"获刑，李淑贤与其离婚。1975年中央特赦国民党战犯后刘连升曾多次向北京统战部门要求"落实政策"，认为按政策像他这样的"县团级"国民党军官是可以比照特赦国民党战犯安置回北京的，然而多次上访未果。后来，刘连升被安置到团部中学教英语直至退休。有人见到一本写李淑贤的书，说"刘连升在50年代被政府镇压枪毙了"，如果真枪毙了，"咱们还能与刘连升在一个食堂里喝汤吗？6连几百号人能够证明他的存在，旭光52团中学也确实有过这么一位英语老师"。据说1996年刘连升还健在，在哈尔滨与继子共同生活。一两年后去世，享年约80岁。

三、媒人及其经历

我是江苏省启东县（今启东市）人。1947 年就读于上海法学院法律系，后考入华东人民革命大学，1949 年毕业，同年 11 月分配到绍兴市公安局，担任政治干事。1950 年 9 月，因左臂腋下长痘瘤，经公安局长批准，转往上海第四医院治病。

我住院休养期间，约在 1950 年年末至 1951 年春节过后，正逢国务院发出通知，因人民出版社录用干部要在上海招聘大学生，由华东人民出版社负责拟题招考。为了有利于治病，我很期盼能够调到上海工作，于是就去应聘。第二天，华东人民出版社人事处干部刘岩就找我谈话，告知"已被录取"，并承诺由组织负责把我的人事关系和档案从绍兴公安局调转到新单位。随后，我就前往刚刚成立的位于北京的人民出版社报到了。

我先后在经理室秘书科、资料室工作，一度调往中央编译局版本图书馆，担任俄文翻译。其后又调回人民出版社马列主义编辑室，担任编辑，再往后又调入外国史编辑室，直至 1987 年退休。

我妻子刘淑云于 1929 年生于河北，少年时随父母奔波在东北经商，其间念过 3 年公立学校，又念了 5 年私塾学校。父亲病逝于1946 年，其后跟随母亲凭靠家庭积蓄而在天津定居。1951 年初参加工作，在私营祥太字盒铸造厂任会计。1955 年公私合营后转入北京市印刷材料厂会计室。后来其所在单位并入北京市印刷机厂营业部，刘淑云担任对外业务会计，直到退休。

早在 20 世纪 50 年代中期，我就加入了中国农工民主党，曾任北京市联络委员，继又出任农工党驻新闻出版署支部第一任主委。约在 60 年代初，每到周末，全国政协常常举办各种文化娱乐活动，招待在京政协委员和民主人士，地点或在政协礼堂或在政协文化俱乐部，我有机会参加。加之父辈在 1949 年以前曾支持过抗日爱国运动，因此结识了一些新中国政府官员、政协委员和著

刘淑云的工作证

名爱国民主人士，如曾任外交部副部长的韩念龙、曾任中国农工民主党主席的季方、曾任中华人民共和国副主席的民族资本家荣毅仁（我堂弟沙曾鲁的岳父）和曾任中华人民共和国最高人民法院副院长的张志让等。

顺便说说我和曾任外交部第一副部长的韩念龙等人认识、交往的情况。

我有一位堂兄名叫瞿犊（1913—1939），1938年淞沪会战开始后，瞿犊就组织成立了抗日武装部队进行抗战活动，后不幸被国民党顽固派头子张能仁杀害。韩念龙就是遵照中共党组织的指示主持瞿犊烈士追悼会的人。瞿犊去世后，韩念龙仍与瞿犊生前所在部队一起在三本堂一带开展游击战，还曾受到我堂兄之母及其娘家侄子的帮助和庇护。正因为有这段家族革命史，我与韩念龙也相识并成为朋友了，还常因获邀参加全国政协联谊活动而见到韩副部长，有时一起观看电影或京剧演出。

早在1956年我就加入了农工民主党。中国农工民主党主席季方先生也曾长期在启东一带闹革命，后来又和我都在北京，有时候一块儿开会，见面常谈工作或叙旧。1965 年我堂兄瞿犊烈士的胞弟瞿盘从内蒙古回崇明县工作，路过北京，拟访问农工党主席季方。我就领瞿盘到了农工党总部，见面时我们都感慨万千。当时季方还一再勉励我们，要学习瞿犊等先烈的革命英雄主义精神。

我是怎样认识荣毅仁的呢？原来荣毅仁的两个侄女荣智育、荣智南因父母早亡而在大叔家长大，荣毅仁夫妇视之如己出。有趣的是荣智育和荣智南分别嫁给了我在美国的堂弟沙曾鲁和沙曾燕，而且，我这两位堂弟同父同母，正是我八叔母的两个儿子，真是很凑巧的事情！因此我也常与荣家往来。

原最高人民法院副院长张志让，在 20 世纪 40 年代是上海复旦大学法学院院长，曾经担任著名的"七君子"的义务律师。1946 年，因堂兄沙曾炎正在复旦读书，我遂有机会多次前往学校聆听张先生讲课和报告。50 年代又与张先生在南河沿政协文化俱乐部举办的活动中碰面对谈，倍感亲切，之后经常联系。张先生夫妇都很热情，"文革"期间常把我们夫妇叫到他家去聊当时的政治形势和社会见闻，从中我也能感受到老先生忧国忧民的情怀。来往一多，我们也就成了好朋友。张先生病逝后，在北京医院礼堂举行了追悼会，邓小平亲自主持追悼会并慰问张先生亲属。我们夫妇也接到通知，参加了追悼会和遗体告别仪式，两份通知珍藏至今。张志让夫人姓何名稚芬，先生去世后还与我们夫妇有来往。他们有一个女儿，在美国学业有成。

正是由于和上述人士有较多的交往，并经常一起参加活动，我才有机会与溥仪相识。

四、牵线搭桥的奇特经历

现在从头细说我们夫妇给李淑贤牵线搭桥的奇特经历。

那是 1961 年秋天某日，我下班回到家就对夫人说："淑云，你知道李淑贤离婚了吗？"老刘回答道："不清楚呀，你听说了什么？"我解释说："今儿遇到李雁天，闲聊中他说到李淑贤离婚了，让我留意给她介绍个对象。"

对此我们夫妇并没有多想，认为这种事本人不说，朋友之间也不便多问。或许是出于女人爱面子的心理，或许是他们之间的交情更深一些吧，李淑贤把再婚托媒之事交给了李雁天。当时我作为民主党派基层组织负责人，有广泛的社会联系面，认识人也不少，李雁天希望我能给李淑贤介绍个对象，就主动说起李淑贤离婚的事儿了。

再说我与溥仪结识的经历。

要讲清楚这件事儿，就要从我与溥仪、李淑贤婚姻的另一个媒人周振强的相识说起。我们又是怎样认识的呢？那是20世纪60年代初，我经常到全国政协参加各种社会活动。每逢周六，朋友、同事只要通知晚上政协文化俱乐部有活动，我就往家打个电话，告知今晚去政协，晚饭不要管我了。记得是在政协文化俱乐部大厅（今北京欧美同学会会议厅）举办的晚会上，有人介绍我认识了时任全国政协文史资料委员会专员的周振强。因我们俩都是在江浙一带长大的，共同话题就比较多。此人大高个，很活跃，健谈、风趣，是位消息灵通人士。彼此熟悉以后他常常向我透露一些"小道消息"或趣闻，比如在美国的杜聿明夫人最近要来北京与丈夫团聚；沈醉的太太常住香港却不肯到北京来，但沈醉可以前往香港探亲，他很怕老婆；某某已经离婚，正准备再婚等等，俨然一个无所不知的"能人"。再加上那种"老乡见老乡"的亲切感，就没完没了地说起来了，竟因此得以成就一段不平凡的婚姻，真是无巧不成书啊！

我和周振强熟悉以后，得知他夫人楼亚隽在杭州当工人（直到1961年年底楼亚隽才来到北京与周先生团聚），老周一个人在北京挺孤单的，也没更多的地方去，又爱凑热闹，很愿意上我家串门、聊天。后来接触多了，渐渐知道周振强还曾经是蒋介石的侍卫长，1959年12月与溥仪同期获得特赦释放，两人又都被分配到全国政协任文史专员。他还有个儿子叫小毛，大名周小奇。

正是我和老周"合作"给溥仪"保媒"，一段旷世奇缘就这样拉开了序幕。1961年12月，在政协举办的联谊座谈会上我又遇见周振强，他主动凑到我身边悄悄地说："老沙，我告诉你个消息，末代皇帝也在我们政协当文史专员。"

"溥仪平时做什么工作？"我好奇地问。

"他负责编辑、整理清末和北洋军阀统治时期的文史资料。"

周振强（右一）、王耀武（右二）、溥仪、杨伯涛（左一）四位文史专员在一起

"听说皇帝改造得不错？"

"是啊，确实不错。你看，对面端端正正坐着的，就是末代皇帝溥仪。"

我仔细端详对面那个穿着深蓝色中山装、鼻梁上架一副浅黄色眼镜的长者，丝毫看不出所谓帝王身上的"霸气"，相反却是温和而敦厚。出于好奇和调侃，我对老周讲："能把你这位'皇帝同事'介绍给我认识一下吗？"

溥仪在他的后半生中工作的情景

"可以、可以，我给你介绍。"老周爽快地答应了。

于是，老周带我走到溥仪跟前说："老溥，我给你介绍个朋友。这是沙曾熙先生，在人民出版社工作。"随后他又转头面向我："这位是溥仪先生，现在是政协文史资料研究委员会专员，我的同事。"溥仪微笑着点点头并主动与我握手，我也赶快把手伸了过去，跟溥仪的双手紧紧相握。我随口说道："久仰大名，今天有机会能见到你很高兴！身体好吗？"

"还好，粗安。能见到你，我也很高兴。"

"听说你在政协搞文史资料的编辑、整理，一定很忙吧？有机会还要向你请教呐！"

"岂敢、岂敢，互相帮助，共同提高吧！今天有缘相识，我也深感荣幸。"彼此寒暄过后，溥仪又询问我的工作情况，你一言我一语聊得挺投缘。看来，搞文字编辑的人天生就有共同语言，很容易拉近彼此的距离。临别，溥仪特地对老周说，以后要请老沙同志常来聊聊，大家多交流。

再说说周振强托媒的经历吧。

长期以来关于末代皇帝最后一次婚姻的内幕众说纷纭，莫衷一是。作为溥仪最后一次婚姻两位直接介绍人之一，我是现今唯一健在的知情人，我有责任将这桩婚事、包括为溥仪"做媒"的始末如实叙述出来。

还得回到1962年2月初那个严冬的周末，外面还飘着小雪。老周带着刚到北京不久的夫人来串门，聊天中他突然问我对溥仪的印象如何？能否考虑给他介绍个对象，并称这可是受那位"同事大人"之托呀！老周爽人快语，毫不含糊。我听后先是一愣，接着疑惑地问道："皇帝选妃"可不是开玩笑，要求女方具备什么条件？他个人的详细情况又是怎样？停顿了一下老周接着说，1950年以后溥仪又经历了10年改造，1959年12月获特赦释放，回到阔别40年的北京，先被安排在北京植物园锻炼，后转入政协文史资料委员会任专员。1957年他还在抚顺战犯管理所时就已与伪满年代"册封"的"福贵人"李玉琴办理了离婚手续，56岁的溥仪至今孤寡自守，起居无人照料。想找一位诚实、贤惠、能干的女士，因为经常参加外事活动嘛，当然也希望长相、气质好一点的。

"溥仪作为一个特殊历史人物，会不会影响到女方和孩子们今后的工作和生活？"我略有所思地问道。

老周说："这些不用

向溥仪告知"李玉琴已经提出离婚之诉"的《法院通知书》手写原件

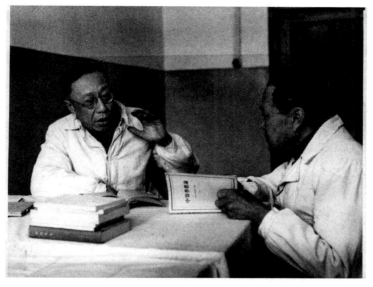

对中医有兴趣的溥仪在抚顺战犯管理所卫生室得到了发挥专长的机会

担心，连毛主席和周总理都十分关心溥仪的婚姻问题，听政府的没错。就在几天前毛主席设家宴招待溥仪、章士钊、程潜、仇鳌和王季范等老人。席间，主席很有感情地拉着溥仪的手，让他坐在自己身边，还很风趣、半开玩笑地对溥仪说：'你曾是我的顶头上司哟，我做过你下面的老百姓！'又问溥仪：'你还没结婚吧？可以再结婚嘛！'主席说：'不过你的婚姻问题要慎重考虑，不能马虎，要找一个合适的，因为这是后半生的事，要成立一个家'。周恩来总理也非常关心溥仪的婚事。一年前在政协礼堂接见溥仪及其亲属时，周总理也提到溥仪的婚姻问题。还有一次周总理接见部分文史专员时也很幽默地对他说：'你是皇上，不能没有皇娘哟！'说完，周总理跟在场的人都大声笑了。"听到这些来自内部的真实故事，我答应一定帮这个忙，今后会多加留意。老周夫妇又聊了一会儿便起身告辞，临走前还特意说："刚才说起给溥仪介绍对象，有一件事忘了提及，最好帮忙物色一位医务工作者，拜托了。"

我想，毛主席、周总理在百忙中尚且关怀溥仪的婚事，自己既受友人之托，应当办好这件事。我曾从报刊资料中获知溥仪在抚顺战犯管理所做过把脉、打针、卷棉花球这类辅助性医疗卫生工作，原来老周强调要介绍医药卫生界女士也是有针对性的，于是我就细心地照着这条思路物色开了。

按中国传统，讲究父兄之命、媒妁之言和成人之美。就此朝外关厢医院一位女护士的身影出现了，这位时年37岁浙江杭州女士的形象越来越真切：她性情温和、气质典雅、敦厚朴实，又善于料理家务。我觉得给溥仪介绍认识一下，倒是蛮合适的，遂把撮合溥仪和李淑贤的想法告诉了老刘：淑云你看把李淑贤介绍给溥仪怎么样？可是，我爱人刘淑云并不赞同：不管怎么说，溥仪也是被特赦释放的！众所周知，当时的社会背景是极左思潮一统天下，介绍一个家庭成分不好或有历史问题的人为伴侣，有受冲击的危险。再说那个年代还不都是一穷二白吗，对家里又有什么好处呢？刘淑云对李淑贤的身世、性格也有所了解，认为像她那样的人，应该找一个普通干部或教师为伴。我说："据我所知，溥仪经过10年改造，已经从封建剥削者、统治者变成自食其力的劳动者了，并得到毛主席、周总理的好评。给他介绍对象，能有什么坏影响呢！"刘淑云最终认可了这一意见。不过，还是说暂不忙于把溥仪的身份告诉李淑贤好些，她若问起"对象是谁"，就说是政协普通干部，先听听她的反应再说。

1962年春节后第一天上班，我就约李淑贤到家里来做客，两天后她如约而至，寒暄几句就说到了正题上。李淑贤问道："老沙，怎么你给我找了个朋友，干什么的？在什么单位工作？"

"是政协的一般干部，不过稍有点名气。"

"不错啊，政协是大机关，可以见见吗？"李淑贤答应得还算爽快。

"当然可以。不过，如果对方稍有点儿历史问题，你能接受吗？"我特意不紧不慢地说。

"要看什么问题？严重不严重？现在情况如何？如果问题严重，不会在政协工作吧？"听她这么一说，我心里有了底，便对她说："淑贤，我给你介绍的那个对象不是一般政协干部，而是大名鼎鼎的清朝末代皇帝爱新觉罗·溥仪，现任政协文史资料研究委员会专员，你觉得怎样？"

一听到"皇帝"大名李淑贤可就有点愣了，神色茫然，连连说："不行，不行。我是平民家妇女，怎么能跟皇帝攀姻缘？"

"皇帝又怎么样？现在跟平民一样，已经改造成为自食其力的劳动者了。"

"你看那舞台上的皇帝，威严显赫，耀武扬威，不可一世，欺压百姓，作恶多端，可吓死人了！"

"怕什么，舞台上的皇帝形象，是剧作家根据主题需要有意塑造的，现实中的溥仪可不是这样。溥仪文质彬彬，看上去老实朴素，性格温和，见人礼让三分。你不信可以亲自去看一看，不妨先见个面认识一下再说。据我所知，他搞对象的条件蛮高呐！"

"淑贤，你还是亲自去看看，不行也没有关系，就当老沙没说。你若真跟溥仪搞上对象了，我也有机会见见这位皇帝的真面目呀！"刘淑云插话说。当时弄得挺尴尬，没办法，为了缓和气氛，老刘就去给我和李淑贤倒茶。经一再劝告，李淑贤微微一笑，同意了。

时机既已成熟，我就让李淑贤提供一张单人相片，她说没有单人照。我说："你挑人家这样那样，如何如何，人家也要挑挑你呢！要看你外形条件呀？气质如何呀？"李淑贤笑了，随即从她黑色小提包中拣出一张三人合影照片，刘淑云问："可以剪去另外两人吗？"李淑贤表示同意。我随手拿到这张特别的"单人"相片，即在背面写上"李淑贤"三字。

李淑贤送给沙曾熙夫妇
介绍对象时用的照片

照片背面有沙曾熙写的"李
淑贤"三字

　　没过多久，我就把李淑贤的基本情况和她的照片交给了周振强，让他在第一时间交给了溥仪。不久，周振强就告诉我，溥仪看过照片挺满意的，说一定要见见面。溥仪看了这张照片后又还给了周振强，至今一直保存在我们手里。

　　1962年2月17日，即李淑贤到我们家5天后，这是个值得记住的日子。按农历算是正月十三，恰为溥仪的生日，又赶上周六，第二天是礼拜日，真是好日子。我至今还能回忆出溥仪和李淑贤第一次见面的生动细节。

　　在介绍人陪同下，溥仪和李淑贤相约下午3点在政协文化俱乐部见面。我陪同李淑贤按时赶到约会地点。一跨进院子大门，就看到溥仪和周振强站在冰冷的院子里，那天北风很大。我首先同溥仪和老周打了招呼，随后便将李淑贤介绍给溥仪。大家聊了一会儿，老周推说"有事"就离开了。

　　溥仪请我陪同李淑贤来到会客厅，房间不大，摆放几个沙发和茶几，古朴典雅。坐定后，溥仪叫服务员送上牛奶、咖啡，还很客气地问李淑贤："不知能否喝得惯，先尝一尝。"

我显得有点儿尴尬："我在这里不方便吧？"

"没有，没有什么不方便，老沙你坐下喝点咖啡，我们谈。"看来溥仪很讲究礼仪，第一次与女方见面，还是希望介绍人能陪着，以免给女方带来不便。

溥仪一边喝着咖啡，一边问询李淑贤和她父母的情况，问得很细。也介绍了自己的工作和生活，说到他月薪 100 元，如果不够用，政府还可以补助一些。

溥仪很会聊天，听说李淑贤从小失去父母，身边没有亲人，表现出同情和理解。李淑贤讲到最近正在参加医护知识培训，业余时间都用来看书学习。溥仪显得很兴奋，说起他在抚顺战犯管理所改造期间自学中医和医疗常识的经历，他还想过以后要当大夫，是周总理的一句话"当医生可不简单，是人命关天的大事呀"，才彻底打消了他想当医生的念头。又聊起工作单位的情况，听说医护工作很辛苦，经常加班加点，溥仪表现得十分体贴和关切，他还不时同我谈谈编辑和出版的事情，希望借此李淑贤也能放松一下。

谈话近 3 个小时，溥仪示意时间已经不早了，晚上还有其他安排，希望下次有机会再聊。溥仪把我和李淑贤送出大门告别后，转身对我讲，方便将李淑贤同志和你的单位联系电话留给我吗？

"当然可以了。"我内心一动，看来介绍对象的事儿有点儿谱了。溥仪把我和李淑贤的联系电话认真记在一个小本子上，随后也将自己的联系电话留给了我，双方便握手道别了。此时天安门长安街上已是华灯初上。

第二天刚一上班，我就迫不及待地给李淑贤打电话，询问她与溥仪见面后的感觉，她非常痛快地回答说："这个末代皇帝蛮关心和体贴人的，很慈祥，也很亲切。"她愿意继续交往。我又给周振强打电话，通报了溥仪和李淑贤见面的情况，两人关系会怎样发展，希望听听这个"能人"的看法。

"成了，这回保证成。"老周肯定地回答说。他告诉我，"以后你可以直接同溥仪联系，方便安排他俩继续约会"。看来老周这位"能人"果然是名不虚传。

6天以后溥仪又打电话，邀请我们夫妇和李淑贤周六到政协礼堂跳舞。我下班回到家就把溥仪邀请的事告诉了妻子。刘淑云说："我不想去，家里有孩子，弄得很晚才回来，我又不喜欢跳舞。"我说："那你就不要去了。"说话间，李淑贤到达。听说老刘不想去，就劝她："淑云呀，还是去吧！帮我参谋一下，你还可以目睹这位末代皇帝的整体形象嘛。如果我们不成，那可就再没有机会见到'皇帝'啦！"出于好奇，刘淑云决定跟随一同前往。于是，有了溥仪和李淑贤的第二次见面，是在全国政协礼堂二楼会客室。

20世纪60年代的全国政协礼堂

当我和李淑贤、刘淑云走进政协礼堂时，溥仪已在二楼休息室等候了。他热情地起身让座，大家就坐在沙发上喝茶、聊天，随后溥仪又邀请我们上三楼舞厅跳舞。

乐队正在演奏欢乐轻盈的曲子，声音优美悦耳。我起身邀请一位并不认识的女伴步入舞池。一支舞曲结束，当我返回原座位时就见溥仪和李淑贤还在窃窃私语似地聊着天，非常默契。我向溥仪问道：

"你们怎么还不下场跳舞呢？"

"我还不大会跳，连基本步法也不懂。"溥仪坐在那里，边吸烟边笑着说。

"可以请教你的舞伴，她跳得很好，不妨一试。"

乐队又重新奏起轻盈的乐曲。溥仪就站了起来，颇有礼貌地邀请舞伴说："李女士，咱们能否跳一曲？"接着又说："我不会跳，请你教我一下。也许会把你的新鞋踩脏，请多包涵。"

于是，溥仪和李淑贤跳了一曲慢三步。我仔细观察，发现溥仪果然不大会跳，一点儿也不平衡。舞步缓慢而特别，摇摆而又弯曲。尽管李淑贤悉心带领，耐心辅导，他也还是不得要领，只能笨手笨脚地跳跳慢三步或慢四步，凑合跟着转。一跳快的，步法就乱了。不过，慢慢地还是有提高，两人婚恋也就此登上了第一步台阶。

那天，我爱人刘淑云虽然也到了政协礼堂三楼舞场。见面寒暄过后，就因孩子小需要照顾而推说家中有事，待了一会儿便告辞了。我们家当时就住在前门附近一个小四合院里，只有3户人家，都知道刘淑云夫妇帮助李淑贤介绍认识了那位"皇帝"。刘淑云回到家一进院子，街坊们都急不可待地问："怎么样啊？见到没有？快讲讲，我们想听你说说呀！"。刘淑云不急不忙地走到房前廊子底下讲开了：他呀，瘦瘦的，中等个头，戴一副深度近视镜，梳着小分头，身穿一套深灰色卡凡布做的中山装，足蹬黑色皮鞋，很有礼貌，很谦虚，很热情，一点儿都没有曾为帝王的架子，可能是"改造"的结果吧！就是个普普通通的老头，其外表与实际年龄也接近。大家都关心地问：

"你看李淑贤能不能接受这位'皇帝'呢？"刘淑云说："现在还很难说！"打这以后，李淑贤进出这个院子，孩子们都称呼她"李姨儿"，大人们就直呼"淑贤来了"，显得很亲切。

第二天，刘淑云上班后很想找个机会向李淑贤说说她对溥仪的印象，又怕被单位同事们知道，便在午休时给李淑贤打电话，告诉她，溥仪人很老实，并不是人们想象中那么威严和不可一世。你可以在交往中深入了解他，看他是否还有"皇帝"的臭毛病？再就是年龄差距，你要多考虑。以后可不能再买后悔药啦！李淑贤说："我一定会慎重考虑。"

这以后，较长一段时间里也得不到溥仪和李淑贤的讯息。有一天偶然问起周振强，才获知两人交往挺密切，每星期都要见几次面，或者到政协礼堂观看京剧、电影，或者出席周末舞会，有时还会躲在溥仪宿舍里"密谈"。据说溥仪还不辞辛劳地前往朝外吉市口三条四号那间只有五六平方米的简陋的小平房里看望过李淑贤，还破天荒请李淑贤前往北京莫斯科餐厅吃西餐……

1962年4月30日，相识不到3个月的溥仪和李淑贤举行了婚礼。"中国末代皇帝在北京举办了简朴婚礼"的消息，通过国内外各主要媒体迅

溥仪、李淑贤的大媒人沙曾熙、刘淑云夫妇

速传遍了世界，周振强和我们夫妇作为这桩婚姻的媒人也被永远载入了历史。

男方婚姻介绍人应该是周振强，女方婚姻介绍人应该是李雁天夫妇，我和淑云作为溥仪和李淑贤婚姻的"大媒人"，应该讲也是恰如其分，是完全符合客观历史事实的。然而，在社会上还有一些不明真相者对此质疑：究竟谁是"媒人"？有人说"溥仪这次婚姻是周总理托人帮助介绍"，又有人说"是政协领导介绍"，还有人说"是爱新觉罗家族介绍的"。

看来这本揭开真相的书，还真有"正视听"的价值呢。毛主席、周总理确实关心溥仪，希望他能找个对象，然而并不是给他包办。

不久前，国内某公开出版物又"披露"一种"说法"：给溥仪和李淑贤张罗"大媒"的，"是某女士夫妇和那个南方女子，沙曾熙、周振强只是表面上的牵线人"云云。

其实，"某女士夫妇"即指李雁天夫妇。前文已述及，他们只是到过我们邻居家串过门，大家彼此认识罢了，顺便拜托我帮李淑贤介绍对象，仅此而已，这两个人是不可能联系上溥仪的。至于那位"南方女子"，据我了解，曾与溥仪交往过一些日子，后两人即断绝了关系。她又怎能介绍李淑贤与溥仪相识呢？何况这位"南方女子"根本不认识李淑贤，所谓做媒无从谈起。后来有了我和周振强的联手，且作为介绍人自始至终参与其事，才得以让溥仪和李淑贤这对有情人终成伴侣，这是历史事实，也是所谓"媒人之谜"的真正谜底。

另外，坊间还曾流传一段笑话：由于老周夫人长期不在身边，当年在政协文史资料委员会任专员时，也曾动过另外成家的念头，这在他当年的同事和朋友中有传闻。当他拿到李淑贤的照片后，可能有人认为是给周振强介绍的对象，最后被溥仪看上了……这个"皇帝临幸"版本更纯属戏说。

溥仪被特赦释放后政治上获得了自由，自己也有权物色妻子了，这时不断有人给他介绍对象，他一直不是很满意，为什么选择了李淑贤呢？觉得又没有孩子，又没有家，什么都没有，特别简单。当时的环境，有时候人们并不理解。

五、众说纷纭的婚后生活

关于溥仪与李淑贤婚后的生活，相关书籍和报刊都有大量描述和报道。作为这段历史的见证人和溥仪夫妇的朋友，有必要对一些模糊不实的描述和报道给予澄清和匡正。

溥仪有一次与外宾谈话时情不自禁地说："1962年五一劳动节，我和李淑贤建立了温暖的家，这是我生平第一次有了真正的家。"这确实是他的肺腑之言，也是溥仪最后一次婚姻生活的真实写照。

溥仪出生在中国第一封建家庭，3岁登基，至此失去了家庭的温暖，包括亲生父母在内的任何人，与他见面时都必须磕头请安，自称"奴才"。溥仪当过皇帝，而李淑贤只是普通护士，两人生活经历和阅历存在很大的反差，以致在这个奇特的家庭中共同生活，夫妻间必然品尝过有喜有忧的现实生活滋味，也闹出过许多可笑可气的离奇故事。然而他们真诚相爱，无论是溥仪所在的全国政协的同事，还是李淑贤所在的医院，人们都知道溥仪对新婚妻子特别好。

婚后不久，溥仪夫妇曾一同游览了天安门和故宫。在天安门前金水桥上，他俩留下了一张纪念照片。李淑贤曾把这张照片拿来送给我们夫妇并说："原本打算送给别人的，溥仪让我给你们拿来留作纪念。底片已经找不到了，这可是最后一张噢。"表示感谢后，我还曾问她："溥仪这次旧地重游，一定给你讲了很多有趣的故事吧？"

李淑贤笑眯眯地说："我们一边走，溥仪一边讲他儿时的故事：爱捉迷藏、搞恶作剧，读书时发现老师打瞌睡，就做了一个

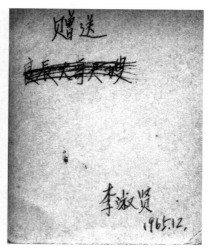

李淑贤赠给沙曾熙夫妇的照片

这帧照片原是李淑贤想赠送他人的，尚未送出又转赠给沙曾熙夫妇

纸捻去捅老师的鼻子；学骑自行车时摔倒，把太监们都吓哭啦；还让太监两手扶地，将腿跪在地上，他趴在太监的后背上玩骑马。他逐渐长大，感觉在宫里憋闷，想插个翅膀飞出来。"

溥仪被特赦释放后参加劳动，种过草、浇过花。原来上级打算叫溥仪到故宫劳动，周总理不同意，那里游人太多，怕溥仪被认出来。后来才安排他到植物园，周总理考虑得多么周全啊！溥仪现在是真正的自由了，能和爱人一同逛逛公园，欣赏首都美好的景色，心里多高兴啊！

溥仪夫妇婚后就住进政协机关大院两间平房，因为溥仪经常要会见世界各地来访的客人，为了照顾这种需要，政协领导就安排他们夫妇搬入北京西城区东观音寺甲22号院。这处新居原为捷克驻华武官官邸，是一座典型的中西合璧式建筑，院子很大，总面积有200多平方米。屋内陈设简朴整洁，生活设施一应俱全，环境优雅，树木成荫，还让一位姓戴的政协老职工住在紧邻大门的厢房内。戴师傅夫妇见人话不多，是位从不多嘴多事的邻居。据李淑贤讲，

1963年6月1日溥仪夫妇搬进拥有多间洋式平房的东观音寺新居

溥仪和妻子李淑贤在东观音寺甲22号自家院内乘凉聊天

这是政协机关特意安排的，平时负责看门护院，两家互相有个照应。看得出党和政府对溥仪的生活起居有很周到的考虑。我们夫妇曾多次造访溥仪生命最后4年居住过的这个地方。

溥仪夫妇婚后两三年内，工作、应酬和参访活动都很多，李淑贤还经常要陪同溥仪走访亲友。据李淑贤后来讲，他们夫妇与溥仪的七叔载涛、二弟溥杰、三妹韫颖和五妹韫馨几家交往比较多，尤其对三妹韫颖和妹夫郭布罗·润麒印象最好。李淑贤也经常带刘淑云一同去看望、聊天，遇事也找润麒老先生谈谈。她对七叔载涛、二弟溥杰、三妹夫妇和五妹夫妇的印象都不错，但对溥杰夫人嵯峨浩颇有微词。

我们夫妇时而见到李淑贤，就会听她说起溥仪工作如何如何忙，国家领导人、国外政要和新闻记者会见他们夫妇时又有怎样的"花絮"，还获知溥仪在那段时间里得到某某执笔协助，正忙于《我的前半生》一书的整理和出版，等等。然而，最令李淑贤

1964 年 10 月 11 日，溥仪夫妇会见日本广播协会中国特别采访团

有所感触的，莫过于溥仪对参政议政的重视和关心。溥仪常说他先后当过 3 次"皇帝"，却从来也没办法"问政"；如今已从"帝位"回归普通公民，既是全国政协委员又多次行使人民代表的权利，经常参与国家大事的讨论，切实为国家做过一些有益的事情，对此他感到由衷的喜悦和自豪。引用溥仪当年回答一位外宾提问时讲过的话吧：当被问到"你不以过去当过皇帝而自豪吗？"时，溥仪回答说："皇帝，这是我认为最可耻的称号，自豪的是我今天成了一名中国公民！"可见溥仪对新生活是满怀希望的。李淑贤回忆与溥仪婚后的生活时谈到这样一些细节：

> 溥仪好像离不开我似的。我每次上街，他有空就一定陪我，或把我送到公共汽车站；晚上下班，也常常看到他已在车站等着了。每逢轮到我值夜班，溥仪都会几次打电话过来，或直接找到医院，无论如何总要到我所在的值班室待一会儿。

有时拿件衣服、送把伞或买点儿吃的东西送来，往往要到赶末班车的时候才肯回家去。

我每次上街或外出购物，如果饭时未归，溥仪没有一次先吃，无论怎样晚也一直等我。政协发放的影剧票，我常因身体不适而不能去观看。我不去，溥仪也不去，当我知道那是他非常喜欢的京剧时，动员他自己去看，他却说："把你自己留在家里，我的心不踏实。"

我们一起出席宴会，他见我很少伸筷子，便在众目睽睽下往我的小碟里夹菜，弄得我很不好意思。有一次，我跟他商量想买辆自行车，上班或购物都方便些，溥仪坚决反对，他说骑车不安全，果真买了车，他连觉也不用睡了，得急疯了。

我所在的关厢医院位于朝阳区，而我和溥仪住在西城区。每逢下雨或下雪，溥仪都不顾道远路滑难行，从西城来接我。1963年夏，一场暴雨下来，大街小巷积水竟有几尺深，汽车都无法通行。那天我是卷起裤腿、光着脚上班的。溥仪很不放心，到了下班时间便拿了伞匆匆赶到医院，可我已经从另一条道回了家，路上还听人们议论："有人蹚水掉进了阴沟，沟口上还横着一把伞呢！"我心里就犯嘀咕："可别是溥仪呀！"

等我慌慌张张地推开家门，溥仪果然不在，我又转身冲进雨中，终于在一条马路上远远地看到了溥仪。他像一个刚从水里捞出来的人，高兴地冲着我喊："千万注意下水道口——没有盖！"原来，他去医院没接到我，很着急，以为我一定被雨截在什么地方了。往回走的路上，忽然发现一处没有盖的下水道口已被雨水漫过，从表面上完全看不清楚。他知道这是我每天上下班必经之地，就守在旁边。溥仪在1963年8月14日的日记中对此事还有8个字的简略记载："晚，雨。接贤，贤已到家。"

我常常感冒，每次感冒，溥仪都当成一件大事，在日记上逐日记载病情的发展，护理我更是耐心周到。有一次我夜间发烧，他一宿起来五六次，摸摸我的前额，为我准备退烧药和开水。

他很随便，也很俭朴。结婚初期，溥仪和我都在本单位食堂吃饭。直到 1963 年 6 月搬到东观音寺以后，我们才逐渐添置了一些锅碗瓢盆，每逢星期天自己动手在家里做。两人吃饭总要剩一点儿，溥仪不许我扔掉，下顿总是抢着吃剩饭："你胃口不好，我胃口比你好。"

十	日	星期六	廿一日	乙酉	
十一	日	星期日	廿二日	丙戌	
十二	日	星期一	廿三日	丁亥	
十三	日	星期二	廿四日	戊子	
十四	日	星期三	廿五日	己丑	

溥仪日记 1963 年 8 月 14 日记有"晚，雨。接贤，贤已到家。"

五	日	星期一	十六日	庚辰	恩格斯逝世纪念日（1895）
六	日	星期二	十七日	辛巳	
七	日	星期三	十八日	壬午	
八	日	星期四	十九日	癸未	
九	日	星期五	廿 日	甲申	

溥仪日记 1963 年 8 月 7 日记载，请海军总医院顾问张荣增为李淑贤诊病

这些都很真实。当然，也有"双版本"的故事。如溥仪 1963 年 8 月 14 日日记简略记载的那件事，刘淑云听到的情节就与王庆祥所听到的不同：1963 年 8 月大雨连天，溥仪去接李淑贤，在一口污水井旁的电车站上等她，没想到有人为了流水顺畅就把下水

《博览群书》1985年第3期刊出李淑贤《〈我的前半生〉撰写纪实》一文

道口上的篦子拿开了，溥仪一不小心就把雨伞掉到流淌粪便的下水道沟里去了，他就趴在那井盖上捞那把雨伞，弄得很狼狈。李淑贤下班往家走，正好看见这个情况。李淑贤跟刘淑云讲这个故事时说："淑云，你看溥仪傻到什么程度！"王庆祥听到的说法是这样的：那天刚下完雨，他发现往胡同里拐的角落上原有一个下水道，上面的铁盖被掀开了，因为这个地方是李淑贤上下班必经之路，溥仪怕李淑贤掉下去，所以就张开伞在那个地方等她，是担心妻子不小心掉进下水道。这"双版本"各有说法，或在流传中已有人把这个故事给添彩了。

那么，又有哪些模糊不实的描述和报道呢？首先就是"婚后不和"之说。媒体朋友经常谈到感兴趣的话题：

"溥仪和李淑贤有爱情生活吗？"

"听说李淑贤想跟溥仪离婚，是周总理不同意离，有这回事吗？"

"溥仪和李淑贤婚后常吵架，是女方脾气不好吧？"

"他们的矛盾主要有哪些？都因何事而导致？"

其实我这个人想法很简单，"大媒人"的叫法可以说是负担和累赘吧。这些好奇的问题，范围涉及之广，众说纷纭不一而足。以下是我们夫妇的亲身接触和感受，或可有所澄清和说明。

溥仪和李淑贤的婚后生活是充实和美好的，也可以说是他们共同度过的一生最幸福时光。两人为此都付出了很多，李淑贤更承受了很多委屈和不公正待遇，这也许就是所谓的"命运"吧。由于溥仪的身体和生理原因，李淑贤对夫妻间性生活感到不满和失望，本属一个中年女人的正常心态。溥仪夫妻二人生活经历和阅历存在巨大反差，难免带来生活中的不协调或小矛盾，也是任何一个家庭都常有的事儿。但是，个别媒体和有些人借机渲染溥仪夫妇生活中的不幸，甚至利用李淑贤——一个女人心胸有些狭隘的缺陷，在两位都已作古多年后，还对李淑贤进行近乎人身攻击和不符合事实的"考证"，作为溥仪夫妇唯一健在的媒人和朋友，说出历史真相，告慰已故友人，既是作者的良心使然，也是对社会理应承担的责任。

李淑贤心情不好时经常流露出对我的些许埋怨，对此我们夫妇非常理解和同情，特别是刘淑云，作为李淑贤情同手足的姐妹，经常劝慰她多往好处想，夫妻间要包容，并时常帮助她克服生活中遇到的困难和烦恼。

1962年5月，"皇帝新婚"才两个多星期，有一天刘淑云叫我去看望一下李淑贤婚后的新生活。正赶上那天溥仪不在家，我见面就问李淑贤："新婚的日子怎么样啊？还好吧？"李淑贤沉闷了一会儿，欲言又止地说，溥仪人很老实厚道，性格直爽，生活中就像个大孩子，待我也很体贴，唯一缺憾就是在夫妻生活方面有些问题。由此引发李淑贤对我的反问："知不知道溥仪有生理缺陷？"我愣了一下说："淑贤，不瞒你讲，我也是从史书和传言中得知一点儿，但这种事情需要你们在生活中深入了解，从朋友的角度怎能擅自加以判断呢？"见李淑贤默不作声，我接着说："我建议你帮溥仪找个好医院，彻底检查、治疗，现在医疗条件好，或许可以恢复。"李淑贤终于点头称是了，临别我又叮嘱她，千万不要让溥仪工作太劳累，注意保养身体。

回家后我即把谈话内容告知淑云，我说李淑贤讲话总是吞吞吐吐，欲言又止，好像心事重重。我们夫妻俩商定，再找机会由刘淑云跟李淑贤深入聊聊，帮助她暂时舒缓一下心情。

不久，还是一个星期六的晚上，刘淑云单独前往李淑贤家。溥仪热情招待，随后说："我要出去一趟，你们谈吧！"刘淑云至今清楚地记得，李淑贤第一句话就说："淑云，我的命怎么这样苦！想要一个孩子的希望都没有啦！溥仪身体不好，自理能力很差，笨手笨脚。经济上一点积蓄也没有，每月工资 100 元，听起来不少，可是人情来往很多。上个月发完工资，他就跑到百货大楼买回一堆雪花膏等化妆品，很贵。他是要'讨好'我，可日子怎么过啊？我很生气。他不懂生活，等我老了连个依靠都没有，怎么办呀？"刘淑云很同情，也很内疚。想当初真不应该给她介绍这样一位对象。事已晚矣！只能安慰她不要多想，保重身体，要相信科学，积极配合治疗，会好起来的。

这以后溥仪夫妇又忙起来了，不但要参加活动、走亲访友，还经常到全国各地参观访问，偶尔约我们夫妇到家里聊聊。看到溥仪夫妻间非常恩爱，生活内容十分丰富，李淑贤再也没有提到过夫妻生活的相关问题，我们夫妇也就把这事儿放到了一边。

俗话说"清官难断家务事"，外人谁又能说得清家庭里的是非曲直？溥仪和李淑贤也是双职工家庭，夫妇必须分担家务，而溥仪什么都不会做，还常常帮倒忙。刚煮好的一锅饭能扣在地上，炒菜时叫他去拿几个鸡蛋也能全都摔得粉碎。其实这也不能怪他，当了几十年皇帝，"饭来张口，衣来伸手"，就连扣衣服扣子、系鞋带都是由太监、随侍动手。在抚顺改造 10 年才学会了穿衣、洗脸、刷牙，生活或可自理，他也抢着想多干些活儿，却是端锅撒饭，端菜撒汤，净闹笑话。新婚第二天他抢着叠被，李淑贤看到的却是他把被子卷作一团堆在一起了。加上他又三天摔破了鸡蛋、两天碰坏了饭碗，扣子都不会系，袜子也能穿反了，又经常弄出张冠李戴的事儿。溥仪本意是想过来帮帮忙，却常常帮倒忙，气得李淑贤就随口数落他几句"笨蛋！笨蛋！"李淑贤当年跟刘淑云说起溥仪这些笨手笨脚的事儿时，还会带出很无奈的口气来："淑云，我都烦死了！"

有一次还在火头上，李淑贤对溥仪说了一句气话："我要跟你离婚！"溥仪"扑通"一声跪下求饶，继而又跑进厨房拿起菜刀就要抹脖子，吓得李淑贤一把夺下菜刀说："我是跟你开个玩笑呀！"溥仪也顺势下坡说："我也是跟你闹着玩嘛！"不料闹剧传开，以致香港《新晚报》登出沈醉撰写标题为《李淑贤手持菜刀宰溥仪》的精彩故事。还有一回李淑贤下班回来，只见溥仪

电影《火龙》剧照：溥仪与孩子们

招来一屋子小孩，都装成鬼脸，给家里弄得乱七八糟，她还得搞卫生。后来她干脆辞职，全心全意照料家庭。

溥仪的烟瘾很大，早上刚睡醒就要点上一支，晚上躺下后嘴里还是叼支烟。他患有支气管炎，咳得喘不过气来，李淑贤就劝他戒烟。溥仪听劝，决心不再吸烟。然而戒烟又谈何容易！每到办公室，看见同事们美滋滋地吸着烟，就更无法抵御香烟的诱惑了。此后他在办公室里就不戒了，但尽可能少吸几支，回到家里就严格"戒烟"，也算听老婆的话了。

1965年9月初，李淑贤检查出子宫肌瘤，需要动手术。她心情很不好，就打电话把这件事告诉了刘淑云。翌日，刘淑云去看望李淑贤，刚走到东观音寺甲22号门口，迎面巧遇溥仪从院内出来。这时天色已黑，刘淑云看见溥仪就问："这么晚啦，去哪儿呀？"溥仪说："到溥杰家有点事儿，淑贤在家，你们是好朋友，劝劝她不要和邻居闹矛盾。淑贤总是闹着，让我找政协要求搬家，这样做会有影响，你们聊聊吧！"刘淑云见李淑贤情绪不好，担心有碍手术，就劝她别想事儿太多，"溥仪会给你找一位最好的动刀大夫，放心吧"！

李淑贤又跟淑云谈起与戴文山老伴之间的矛盾，原来是因为保姆在中间传闲话生出事来。她多次让溥仪找政协，想搬到和平里政协宿舍楼的单元房里去住，或可避开是非，但溥仪总是敷衍她，不愿给领导找麻烦。淑云劝李淑贤别多想，"住在这里，不是很好么。不要听信闲言碎语，跟老戴家搞好关系就是了，何必给溥仪增添烦恼！"那天谈得还好，此后李淑贤也不再提搬家的事儿了，跟老戴家的关系也逐渐缓和了。

李淑贤因子宫肌瘤手术后的一天傍晚，刘淑云到协和医院看望。一进病房就见她坐在床上看报，老刘来了她很高兴，说溥仪下午来探视后刚走。老刘询问她术后恢复状况并拉起家常，又埋怨溥仪笨手笨脚，好心办坏事等。继而说到她"命苦"并谈起夫妻生活问题："淑云啊，不瞒你说，我跟溥仪结婚几年从没有过正常的夫妻生活，这回自己想要生个孩子的愿望算是彻底破灭了。想过离婚，但溥仪又对我那么好，为我这次患病住院他还担心地哭过，专门请出著名妇科专家林巧稚给我诊治，并从此称我为'小妹'了。想起这些，哪里还说得出'离婚'二字？"老刘听得十分感动，劝李淑贤"要懂得知足常乐"，夫妻之间有比肌肤之亲更丰富的亲情、友情和真情，彼此生活在一起要包容，遇事多往好处想。也许正是溥仪的体贴和真情、亲戚朋友的开导和劝慰，特别是溥仪夫妇婚后同病相怜以及彼此关爱和呵护，才使这段特殊婚姻生活维系得令人感动和钦佩。

溥仪夫妇的婚姻得以维系，还因为有国家最高领导人和全国政协机关领导的关注和爱护。记得李淑贤曾亲口讲过，毛主席和周总理都十分关心溥仪的婚后生活，周总理不止一次对政协领导和身边工作人员讲，要把溥仪的生活照顾好，这是保护末代皇帝改造成果的大事。周总理同溥仪夫妇交谈中，还特别提到"没有孩子"的问题，并以"自己也无儿女"为例，教育人们要有更大的爱心。临别时周总理还特别嘱咐他们夫妻要互敬互爱，相互帮助。可以看出周总理做思想工作是何等的细致入微，总能春风化雨般地温暖人们的心田，更使溥仪夫妇"小家"的思想得到了大爱的升华。

可能是婚后经历的劳顿奔波，也可能是两个成年人组成新家庭则必然要经历彼

溥仪因丢失工作证又复得而致5路无轨652车售票员李淑华的感谢信

此适应和调整过程才能回归到普通的家庭生活，婚后头一两年李淑贤的身体和精神都不太好，心情烦躁爱抱怨，遇到不顺心的事，就向我们夫妇倾诉。我们夫妇不止一次看到她经常大把吃药，偶尔也会满腹牢骚，无非是嫌事情太多：一是溥仪的接待工作量太大；二是溥仪不会生活，丢三落四，想帮着他做事却添乱，让人哭笑不得。又要上班，又要照顾溥仪，感觉吃不消，就想辞掉工作。溥仪还是很心疼她，支持她办理了停薪留职手续。

记得那是在 1965 年 9 月间，有一回李淑贤打电话到淑云的工作单位，她告诉我们说，国家为了照顾溥仪，已给她家安装了电话，并把电话号码告诉了我们。还说，溥仪很想请我们有时间到家里来聊聊。就在国庆节一个假日的晚上，刘淑云到东观音寺去看望溥仪夫妇，这才知道，他们两口子都是病号，时而住院治疗，时而在家休养，这种状况已延续挺长时间了。

进门就看到一对儿病魔缠身、相依为命的人，对坐在沙发上。看到老刘来，溥仪很高兴地问道："怎么没把小孩子带来呀？"老刘说："孩子很淘气，怕影响你们。"这两口子各自讲了讲他们住院、出院的情况。李淑贤说："手术后身体很难恢复正常，家里的事儿又太多，我总觉得力不从心。我们俩身体也都不好，请保姆又觉得太麻烦……"老刘安慰她说："遇事要往好处想，乐观一点，这样对你手术后身体恢复健康也有帮助。最重要的是，你得把身体养好，才能有精力照顾好溥仪先生啊。……"谈话间，溥仪流露出感激之情。他说："淑贤连一个娘家亲人都没有了，你和老沙是我们最可信赖的朋友，也是淑贤最亲的娘家人啦！我们都很感激你们的关心。等我身体恢复见好，一定给你们写幅字，表表心意，也留作纪念。"遗憾的是，这一愿望没能实现。

后来李淑贤对老刘说过，那以后半年多时间里，溥仪一直住在医院里。也曾带病执笔写过几回字，却总是不太满意，就放下了。1966 年 4 月以后国内政治形势渐趋紧张，溥仪再也不敢随意动笔。

"文革"来临，连已经写了因不满意而放置的对联、条幅一类，通通扔到火堆里烧掉，只剩下今天的回忆，真是可惜可叹！

关于溥仪夫妇婚后矛盾和李淑贤脾气不好的说法。据我们夫妇所知，溥仪由于身体和经历的原因，可以说是不食人间烟火的"仙人"，对日常生活、各种琐事他从不操心。李淑贤的成长经历则让她必须天天面对"柴、米、油、盐、酱、醋、茶"和"人、情、礼、份、往、来"等生活中、社会交往中的具体问题，两人的世界观、人生观和价值观，以及对待生活的基本态度，都存在一些分歧和反差。溥仪是性格直爽、为人谦和、有涵养的君子，而李淑贤则性格多疑、简单固执，还有点儿虚荣心，两人有矛盾和冲突在所难免。

仅举几个生活中的小故事佐证。

溥仪应酬很多，常常入不敷出，李淑贤多有抱怨，希望溥仪向领导反映一下，肯定是可以得到补助的。但溥仪默不作声，劝夫人"不要太过计较"，弄得李淑贤总是很尴尬，有时会为一点小事耍小脾气。这可把溥仪吓坏了，以为夫人"造反了"，跟"天子"发火说明问题很严重，最后反而把李淑贤搞得很被动。正因为如此，"李淑贤脾气不好"的名声慢慢流传开来，现在看就是以讹传讹。

溥仪一生中受尽别人的摆布，但始终保持"天子"的威严，善于在周旋和接触中了解人，别人待他总是客客气气，他也早已习惯于这样待人处事了。然而作为普通公民，婚后总要面对生活中的各种困难和矛盾，所有问题也会逐渐暴露出来。既然两人处理事情的观念、方式和方法都不同，夫妻间自然有时出现小争吵，本属夫妻相处中的家常小事，发生在溥仪夫妇身上，却被夸大和演绎，李淑贤为此承受了许多"不白之冤"。当年沈醉在香港报纸上发表文章，介绍溥仪夫妇婚后的生活，李淑贤看到后大为不满，直到沈醉登报道歉才算了事。可见社会上流传的所谓"溥仪夫妇婚后不和"之说纯属无稽之谈，可这已经是 20 世纪 80 年代初的事儿了，并非溥仪在世时。一些诋毁李淑贤名声的传言，也是与事实不相符的。

　　1965 年 8 月，人民出版社派我参加工作队，要到河南郑州农村去。刘淑云想到挺需要布面旧衣服，恰好有一天与李淑贤通电话，提到我要去农村参加"四清"的事，顺便问问溥仪有没有用不着的旧衣服？李淑贤说："溥仪在植物园劳动时穿过的布面料旧中山装还有两三套呢，不过已经很旧啦，如果不嫌弃，可以从溥仪那儿找一套穿嘛！"临走前两天，我去看望溥仪，李淑贤心知也是来找件旧衣服的。当时溥仪还没有下班，李淑贤就打电话叫他回家。一见到我，溥仪马上找出一套旧蓝布中山服，还有一顶布帽子，正合适。我很感谢，那天溥仪还一定留我吃午饭。溥仪在1965 年 8 月 11 日日记中写道："星期三，上班。午，贤打电话召我回家，因沙曾熙来了，留午餐。沙将去参加'四清'，找旧衣服。贤赠与我的旧蓝上衣一件、黑裤（补）一件、黑便帽一件。"

　　溥仪这套布面旧中山服，不但为我解决了下乡衣装问题，还帮了我的一位单身青年朋友裘士桢。怎么回事呢？原来这位朋友在"文化大革命"中被打成了"反革命分子"，由单位遣送到东北劳改农场。他临走前曾到我家求助，也是要找旧衣服，下放劳动时好穿用。我们就把溥仪送的那套旧中山服连同帽子一并转送给了裘士桢。

　　真没想到溥仪这套旧衣服，曾经两次发挥作用，给"下放工作"和"劳动改造"命运不同的两个人遮过风、挡过雨。改革开放后，全国落实党的知识分子政策，从东北劳改农场调回北京的裘士桢，被分配到国际关系学院出任教授，他也忘不了末代皇帝溥仪啊！

　　我们夫妇还记得，李淑贤多次说过，溥仪非常喜欢孩子，一有机会就把孩子带到家里来玩儿。还说他们夫妇都有过抱养孩子的想法，溥仪想要个女孩儿，李淑贤则想要个儿子。溥仪一位亲戚曾想把儿子过继给他们，由于两人身体都不好，暂未收留，这事儿也就放下了。我有一次去串门儿，正碰上溥仪与招来的一帮小朋友在家里玩"捉迷藏"游戏，亲眼看见了溥仪真心喜欢孩子的生动场景，看到站在孩子中间的溥仪拿出糖果给孩子吃，逗他们笑，呈现出童贞般天真灿烂的笑容和风趣睿智的语言，至今令人难忘。还有一次我们夫妇带小儿子沙鹏到溥仪家串门，溥仪一下子就把沙鹏抱了起来，又是摸又是看，不停地问这说那，夸奖孩子"蛮机灵"。他说"鹏鹏"这个名字也很响亮。临别还送给孩子一盒糖。

"文革"前溥仪住过几次院，时而在家休养，刘淑云常让女儿沙丽送去些他爱吃的南方味红烧鱼。记得有一天中午，沙丽刚一进门就碰到正要出门的沈醉。溥仪对沈醉说，这是老沙的女儿，偶尔来帮忙，这姑娘很懂事，等等。送走客人，溥仪夫妇又

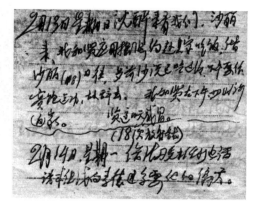

1966 年 2 月 13 日溥仪日记载有沈醉、沙丽来看望的情形

跟沙丽聊起家庭和学校的情况。时近中午，一定要带沙丽到朋友家吃饭，沙丽说"已吃过，下午学校还要开运动会"，因故推掉了。此事在 1966 年 2 月 13 日溥仪日记中也有记载："星期日沈醉来看我们。沙丽来。我和贤应周振强约赴其家吃饭，偕沙丽同往。餐前，沙说已经吃过饭了，下午要做赛跑运动，故辞去。"多年来我们夫妇有个原则，一般到溥仪家只串门不吃饭。他们夫妇身体都不好，却又十分好客，就想给他们减少负担，让大女儿送盘烧好的菜也是帮帮忙，为此溥仪夫妇对沙丽一直心存感激，还热心给她介绍对象。可见溥仪对"平民生活"也十分热爱和向往。

六、在"文革"大潮中

"文革"初期形势突变，溥仪得到了政府的大力保护。当时，无论在单位，还是与朋友们接触，溥仪都十分积极，在讲话、发言中表现出对"文革"的衷心拥护，"调门很高"，这也恰恰从另一个侧面反映了他的积极态度。随着运动愈演愈烈，政协机关文史资料专员全部停止工作，留在家中自己学习。他十分敬重的邓拓、吴晗和廖沫沙（湖南长沙县人。中华人民共和国成立后历任中共北京市委委员、宣传部部长、教育部部长、统战部部长，他还是全国政协委员和北京市政协副主席。"文革"期间，他与邓拓、吴晗因撰写《三家村札记》而被诬为"三家村反党集团"，受到严酷迫害。"三家村"冤案现已平反昭雪）等老领导都受到冲击，他还亲眼看见了廖沫沙被红卫兵批斗游街的情景，这才有所怀疑，内心十分紧张和害怕。

一天，我又去看望溥仪夫妇，溥仪很关心文化界、出版界开展运动的情况，就让我有机会送一些学习材料给他。1966年秋，大儿子沙飞还未入学，闲在家里无所事事，我有时就带着他去上班。一天下午，沙飞从外面玩完回来，满脸沮丧对我说："今天把你给的5毛钱丢了。"我并没有责备孩子，嘱他今后做事要细心，并让儿子坐车到李淑贤阿姨家送点儿东西，其实就是我给溥仪收集的各种学习材料。那时溥仪赋闲在家，却对那场政治运动十分关心。既关心外面的事，又担心"红卫兵"或与伪满有关联的人找他麻烦。然而，这样的事儿还真来了。

据李淑贤讲，"文革"刚开始，长春一些与伪满有关联的人不断往北京写信，要求溥仪"深刻认识在伪满所犯罪行"，还针对《我的前半生》一书展开批判，穷追不舍，搞得溥仪焦头烂额，一度把除几百元治病费用外的稿费都上缴了。从1966年底到1967年初，"福贵人"李玉琴及亲属也从东北来到北京，找溥仪"算老账"，

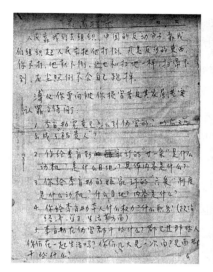

李玉琴要求溥仪对 14 个问题做出解释（第 1 页）

李玉琴要求溥仪对 14 个问题做出解释（第 2 页）

迫其出具证明她们清白的"证言"，这更使溥仪陷入"内外交困"的境地。李淑贤始终针锋相对，据理力争，而溥仪则赔礼认罪以求息事宁人，最终出具了书面证明才算了事。经过这些事儿，溥仪的身心受到很大刺激和惊吓，健康状态每况愈下，被诊断为"肾癌和尿毒症"，再次住进北京协和医院的高干病房。

"文革"中我所在的人民出版社内又有人贴出"大字报"，诬蔑我"为东北伪满政府做了许多坏事"，攻击我给溥仪传递"黑材料"。其实，在那样特殊年代我与溥仪的接触已经十分小心又谨慎了。当年有个小插曲：刘淑云曾反复嘱咐我，让我告诉溥仪夫妇"不要跟任何人讲我给溥仪送学习材料的事"，一旦走漏风声，我们全家必定遭殃。

我们夫妇作为溥仪夫妇的媒人自然名声在外，一度还曾为名所累。"文革"前，单位就有人提醒我，不要与溥仪关系走得太近。"文革"中单位又有人贴出大字报，攻击我给溥仪当媒人、为其传递"黑材料"等"不轨行为",个别人甚至不惜捏造事实,说我"曾为东北伪满政权效力"。在溥仪去世后,我被下放到湖北咸宁文化部"五七干校"期间,个别人依然纠缠不放,欲置我于死地而后快。不仅如此,"文革"中我们的孩子们在加入"红小兵""红卫兵"和共青团时,都会受到所谓"媒人"的牵连。回想起来幸亏当年根据周总理指示,对重病住院的溥仪加强了保护,使部分想整我的人无法得到"证据",否则后果真就不堪设想了。

李淑贤还跟我们夫妇讲过她与北京西城区福绥境派出所老警官史育才的交往,后来我们夫妇也看到了退休警官史育才撰写的回忆文章,其间也有很多故事。"文革"之初,红卫兵小将们日夜闹着要揪斗溥仪,李淑贤便一次次来找时任福绥境派出所副所长的史育才"救驾"。1966年8月某日,一群红卫兵闯入溥仪家门,吓得溥仪赶紧溜出院子到了派出所,史所长立即把他领到后院隐蔽,叮嘱他哪儿也别去。原来红卫兵这次本是要抄京剧演员程砚秋的家,史育才随即赶到程家劝止,说程砚秋对革命有贡献,不可乱来。红卫兵原本要拿走程家的戏装,被史育才制止了,史育才还张贴"告示",不许红卫兵再来抄家。史育才一直忙乱到中午才赶回派出所,当即给隐蔽在后院葡萄架下的溥仪做饭吃,心里还琢磨着怎么保护好溥仪这位统战人物。在局势失控的情况下,他一次又一次逐级向公安分局、市公安局、国家公安部等上级部门请示,直到斗胆把电话打到周恩来总理办公室。他对接电话的同志说:"我记得毛主席说过这样的话,'中国共产党把末代皇帝改造好了',是不是?"电话那边传来声音:"好像是说过这样的话。"史育才说:"凭你这句话,我们就保护溥仪!"对方连声答道:"好,好。"

史育才放下电话长出一口气,终于找到了"尚方宝剑"。于是他郑重其事地对溥仪说:"溥仪先生,您踏踏实实回家,我让红卫兵纠察队保护您,这儿的红卫兵纠察队听我的。"他把派出所对外对内两部电话机的号码666807、666723都告诉了溥仪："一个打不通就打另一个，直接找我，我派人去。"果然，溥仪的"报警电话"第二天晚上就打进来了。史育才随即带着"红卫兵纠察队"赶过去。原来这个"红卫兵纠察队"就是派出所为应付混乱局面而临时组建的，专管当年自称"老子天下第一"的红卫兵。到溥仪家门口一看，几十名大专院校红卫兵已将东观音寺甲22号院子团团围住了。

"纠察队"中的史育才正颜厉色地质问："你们到溥仪家来为何不与当地派出所联系？"

"我们是来清算溥仪反动罪行的。"红卫兵代表答道。

"他的罪行是历史，现在已经改造好了，毛主席教导我们说，'共产党把皇帝改造好了'，这就是铁的证据！"红卫兵们对此没办法，胡乱喊几句"声讨溥仪"就撤走了。溥仪和李淑贤千恩万谢地把史育才送出家门。这以后又发生多次类似"惊驾"事件，都被史育才解围，溥仪感恩戴德，称史育才"救命恩人"。

1966年11月，溥仪又给派出所打电话"报警"："福贵人"李玉琴已从长春到北京来找他，让他出一份伪宫内"福贵人"受压迫的书面证明，对此不知该怎么办？想请史副所长帮自己拿个主意。

当年，穷苦出身的李玉琴是作为封建制度和殖民统治的牺牲品而被选进伪满皇宫的。虽然也得到了"福贵人"的册封，但那些"阿哥""格格"等皇亲国戚都瞧不起她，当面也会弯弯腰，唤一声"贵人"，背地里她的一言一行就都成为谈资和笑料了。连下人们也不拿她当"主子"，嫌她来自二道沟（位于长春郊区，李玉琴娘家居住地），土里土气的，一张嘴就"嘎哈"（东北民间口头语），不文雅，言貌行姿缺少皇族风度。现在"红卫兵"又挥拳高呼要"打倒皇娘"，她觉得冤枉，就想到要让溥仪——当年的皇上来给她写"真相证明"。不过溥仪正患重病，而当年的"造反"之举又

溥仪给李玉琴写的证明之第 1 页

无法无天，他受不了啊！

史育才对溥仪说："您别担心，她来找你，要通过当地派出所。如她直接去了你家，有麻烦，就给我打电话，我立即派人过去。"李玉琴却是在两个月后才见到因尿毒症已住进协和医院的溥仪，李淑贤忙给史所长打电话，未料史育才已下放偏远郊区"办学习班"了。结果，"皇娘造反"这一轰动事件到底还是发生了，后经全国政协机关调解才得以平息。

1967 年 9 月，溥仪深感病势趋重，来日无多，就想见见史育才，希望这位从"管片民警"干到副所长，一直关心他、保护他的史育才，能在他身后继续保护在京无亲无故的妻子李淑贤。为此李淑贤两次去派出所找史所长，说"溥仪先生想他了，要看看他"，得到的答复还是"在远郊办学习班"。当时，北京市公安局已被"砸烂"，凡有领导职务的人都被打倒，三分之二的民警下放劳动。"办学习班"实际就是被限制了自由！ 20 天后溥仪就去世了，溥仪未能见上身不由己的史育才最后一面，未能了却自己"托妻"的心愿。

近半个世纪过去了，每当我们一家人围坐在一起，回忆当年与溥仪夫妇交往的一幕幕往事，历历在目，感慨万千，而追忆"文革"中复杂纷纭的政治环境，我们夫妇也十分坦然。历史是公正的，不容少数人肆意篡改和利用。这种不变的信念，在很大程度上就源于同溥仪夫妇的接触和交往。溥仪夫妇常把老一辈革命家的关怀挂在嘴边，常常提起周恩来总理对他们的关爱。即使在"文革"时期，周总理对溥仪的病情和治疗仍十分关心，多次批示并派专人慰问，溥仪去世后也没有忘记溥仪夫人李淑贤。

我们夫妇深切感受到，溥仪衷心拥护中国共产党的领导，他发自内心感激党和政府给予他新生，他是一位对新生活充满希望的普通公民，是经过改造后思想进步的好公民。溥仪以其后半生的经历充分证明，一个对人民有罪或犯过错误的人，一个曾在历史车轮滚滚向前的大潮中迷失方向的人，经过改造，也可以成为对历史和人民有用的人。这铁一般的事实肯定将被今后的历史一再重新书写。

第二章
溥仪遗物风波

溥仪在"文革"高潮中病逝，一位在中国历史上当过皇帝的人，能给他年轻的妻子留下什么东西呢？没有黄金和珠宝，却有一皮箱亲笔手稿，后来都被认定为国家一级文物了。

一、溥仪逝世前后

1966 年初溥仪正在住院，我们夫妇让女儿沙丽去东观音寺甲 22 号院探望并约请李淑贤到我家吃饭，当晚，溥仪让沙丽陪伴李淑贤住在家里，这也是当年常有的情形。《溥仪日记》1966 年 1 月 22 日记载："星期六 农历正月初二，住院（第）46 日。下午，贤和沙曾熙长女沙丽来看。沙曾熙约贤今晚赴家吃饭，沙丽还要陪贤返寓伴宿。（我）向她表示谢意。"

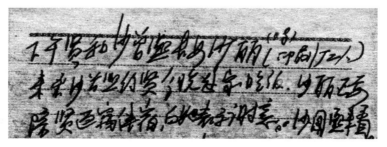

1966 年 1 月 22 日溥仪日记载有刘淑云、沙曾熙、沙丽与李淑贤聚餐事

"文革"开始后，溥仪的身体每况愈下。轰轰烈烈的政治风暴触及每个家庭、每个人，我们夫妇与溥仪家的来往也不能不有所回避。1966年年底的一天，李淑贤突然给我打电话，说溥仪又住院了，希望能过来看看。

晚上我回家吃了点儿饭，便匆匆赶到北京协和医院。进入病房，默默坐在溥仪床前的李淑贤，一见到我就迅速起身并轻声打了个招呼，示意溥仪刚刚入睡。我小心地走到溥仪床前，这时溥仪已微微睁开双眼，侧身拿起身边的眼镜，方知我来了，很高兴示意我坐下。没等溥仪开口，李淑贤就说，溥仪最近事儿多，又是学习，又是开会，身体有点儿吃不消，心情也不好，前几天住进医院，经查诊断为"肾癌和尿毒症"。溥仪赶紧对我说，无大碍，还是老毛病——溺血引起的，不用担心。

接着溥仪又问起外面搞运动的情况，特别关心文教出版界动向。我说"前些天出版社内有人贴出大字报"，诬蔑我是"伪满政权代言人"，给溥仪传递过"黑材料"。溥仪夫妇听后很紧张，担心会连累我们一家。我说，就是那些人知道了也没什么大不了，都是中央规定的学习材料。那时各单位都是两派：造反派和保守派。我参与"古田战斗队"活动：印小报向社会散发，一分钱一张报。也曾让长子沙飞在晚上偷偷送小报到溥仪家给他看，这类事当然还是不能公开说的。溥仪夫妇会意地点点头，我感觉溥仪的精神还算正常。

自1966年8月至1967年10月溥仪病危，"文革"已经进入高潮，各地造反派闹得很凶，针对"地、富、反、坏、右"和"牛、鬼、蛇、神、旧"各式各样的批斗、冲击和"打、砸、抢"此起彼伏，周恩来总理指示政协领导，认真做好溥仪的思想工作和人身保护工作。对于溥仪治病诊疗，由著名泌尿外科专家吴阶平、吴恒兴主持会诊，著名泌尿外科专家吴德诚担任主治医生。周总理在溥仪病情报告（九）期上亲笔批示："请速告平杰三（河南内黄人。

历任中共中央统战部副部长、全国政协副秘书长、全国政协常委、中共中央顾问委员会委员等职）同志注意。"1966年年底溥仪被确诊为"肾癌和尿毒症"后住进北京协和医院。医院"造反派"一度不让溥仪住在高干病房，也是周总理亲自给政协机关和协和医院领导打电话，明确指示："溥仪应继续住高干病房并应给予悉心治疗和护理。"周总理还亲自委托我国著名老中医蒲辅周参与院方组织的中西医会诊，并代总理问候溥仪。溥仪这次住院和在"文革"最混乱时期的经历，正是得到周总理体贴入微的特别关照，才避免了可能发生的灭顶之灾。

1967年9月下旬，刘淑云在单位突然接到李淑贤的电话，说溥仪近来发低烧，病情加重，医院没有专科大夫给治疗，护士的态度也很冷漠，天天跑去求中医，当时家里很少有亲友来往，听得出来李淑贤显得很无助。刘淑云说："快到国庆假期了，2号上午去看你们，方便吗？"李淑贤说："总理有指示，溥仪周围都是很安全的。"

全国政协文史委副主任沈德纯（中）、文史办公室副主任张述孔（左）探望病中的溥仪

溥仪治病期间与海军医院张荣增老医师（左二）等合影

亲人给病中的溥仪送来温暖（右一为嵯峨浩、右二为恒年）

1967年春，患肾癌的溥仪与溥杰、嵯峨浩在自家庭院里

1967年10月2日，大街上到处贴满了大字报。刘淑云来到溥仪夫妇家，李淑贤已在大门口等候了。院内很清净，进屋看到溥仪半躺在床上。李淑贤说："老刘来了！"溥仪似乎有点儿认不出，李淑贤说："是老沙的爱人。"溥仪说："噢，记起来啦。"刘淑云问候溥仪的病情，溥仪很悲观地说："病情越来越重了，很担心，恐怕治不好啦。"刘淑云尽量安慰他。

时间近午，刘淑云想告辞，溥仪却一定要她留下"吃便饭"。李淑贤讲，近来溥仪食欲不振，他喜欢吃鸡蛋炒黄瓜片。老刘便下厨做了这道菜，快出锅时还勾了一点儿水淀粉。溥仪边吃边讲："好吃呀，软软的，这是南方做法吗？"老刘答道："是自创的。"

那天溥仪的精神不怎么好，看起来有些浮肿。李淑贤又说：溥仪还一直想着给沙丽介绍对象呢！他认识一位青年大夫，想让沙丽看看。刘淑云说："沙丽刚从技校毕业，还小，不着急。"李淑贤说："年满18岁就可以嘛。"

告别时李淑贤一定要送刘淑云。路上她哭诉"命苦"，担心溥仪的病治不好。溥仪也担心，自己走了，"小妹"怎么办？刘淑云听后很难过，安慰她几句就分手了。

1967年10月4日，刘淑云又接到李淑贤的电话，叫沙丽下午去她家里。老刘已经感觉到可能是溥仪病重，就让我陪着女儿一块儿前往看望。我们到东观音寺甲 22 号院进屋后，看见已有两三个人先到了。进屋后，李淑贤拉过一位年轻男士给沙丽作了介绍。事后才知，这位男士就是溥仪一直想给沙丽介绍的男朋友。当时溥仪的脸上已出现浮肿，问他有何感觉？溥仪只说："排尿很痛苦。"

那天溥仪看见来人多，很高兴，一定要留下大家吃饭。我认识溥仪夫妇近 6 年，很少在他家里吃饭，看到溥仪的病情状况及他们夫妇的诚恳挽留，大家就留下来了。那天是沙丽和曾在溥仪家当过保姆的某女士一起下厨做饭。溥仪食欲不错，非常高兴，聊天兴致挺高，吃饭中还提议喝了点酒。席间还谈到了"文革"对他的深刻触动，言语间不时流露出对病情不断加重的担忧和对前途的迷茫。我劝他安心养病，要坚信政府一定能治好他的病。临别溥仪亲自送客人到大门口。

令人难以置信的是，一天之后溥仪就因病情加重住进医院，直到去世。而他与我们父女这次相聚、同餐共叙，竟也成为令人不堪回首的永诀了！

1967 年 10 月 17 日凌晨，爱新觉罗·溥仪在北京人民医院逝世，陪同溥仪走过其生命最后时刻的只有李淑贤、溥杰等亲属以及医护人员。

溥仪去世引起许多国外媒体的关注，限于当年政治原因而没有举办任何悼念和骨灰安葬仪式，国内主要媒体也只在两天后发了一条简短报道。

中国历史上的最高封建统治者，自公元前 221 年秦王嬴政始称"皇帝"，到 1912 年 2 月 12 日清朝末代皇帝溥仪退位止，经历了 2132 年，产生了 494

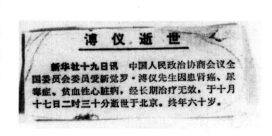

溥仪逝世的报道

位封建皇帝，其中还包括了生时未在位、死后被追尊为帝者 73 人。

溥仪的一生经历了晚清封建时代、天翻地覆的民主革命时代和社会主义建设新时期，对他来说真正具有历史意义的，则是他从皇帝改造成为新中国普通公民的奇迹。他的前半生波澜起伏、坎坷多变，不仅政治上在风雨飘摇中惶惶偷生，就连个人婚姻也几经波折，而他的晚年却获得新生，家庭生活也温暖幸福。他一生 4 次结婚，娶进 5 位妻子，两位妻子相继去世，两位妻子先后离婚，只有李淑贤这位最亲近的公民伴侣，在溥仪人生的暮年，一直照顾着他，陪他走完了最后一程。

溥仪去世 3 天后，我们夫妇才从《参考消息》上得知消息，翌日赶到李淑贤家吊唁。那天，李淑贤家很冷清，只有一位街坊陪伴。我们夫妇详细询问了溥仪去世前后的情况和经过，据李淑贤讲，溥仪病逝后只通知了七叔载涛和溥杰、韫和等胞弟胞妹，且后事都已处理完毕，她很感谢我们夫妇的慰问和关心。

1980 年 5 月 29 日，溥仪、王耀武和廖耀湘 3 位政协委员的追悼会在北京赵登禹路全国政协礼堂举行。我们夫妇获全国政协秘书处特邀，与 3 位全国政协委员的亲属和生前好友 200 多人参加了悼念活动。追悼会后溥仪骨灰由北京八宝山群众公墓移入革命公墓。

溥仪被特赦释放以后无论是在参政议政，撰写、编辑文史资

全国政协给沙曾熙夫妇寄来的
参加溥仪追悼会特邀函封面

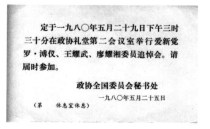

全国政协给沙曾熙夫妇寄来的
参加溥仪追悼会特邀函内文

1980年5月29日，党和政府为溥仪、王耀武和廖耀湘三位政协委员举行追悼会

溥杰、李淑贤等人在溥仪的追悼会上

料的各项工作或在日常生活中，即便是婚礼日期的选择这种点滴小事，都表现出作为一名普通公民的喜悦和荣耀。一个罪恶重大的历史人物转变成为对国家有贡献的普通公民，一个高高在上的帝王转变成为关心妻子、关心朋友的平常百姓，在溥仪身上，我们亲眼看到了这一伟大的转变！

　　然而，命运多舛，在溥仪离世 28 年后，他的骨灰却被迁到了河北易县清西陵边沿处一块商业墓地内。不知到底是遂了溥仪的心愿，还是"鬼使神差"的一出"闹剧"？这一切只有回归公民的溥仪在天之灵才能够给出真正答案。

　　溥仪去世后，其极富传奇色彩的人生经历被拍成了纪录片。图为爱新觉罗家族成员观看纪录片《中国末代皇帝——溥仪》

二、患难见真情——溥仪去世以后

　　经历几次偶然相遇以后，刘淑云和李淑贤的交往还是不太多。什么时候开始密切了呢？其实是在溥仪去世以后。刘淑云说，20世纪五六十年代就休息个星期天，到月底当会计的都得加班，尤其在"大跃进"的 1958 年，周日也得到车间做"超声波"，朋友之间也无暇来往。等到给溥仪介绍对象，刘淑云也从学校回来了，李淑贤还到我家里吃了一顿饭，从那时起稍微亲近了一点儿，两人偶尔通个电话，李淑贤跟医疗队到农村去，准会往刘淑云单位打个电话，告知一下，电话接触也多起来了。

当年我给溥仪和李淑贤撮合姻缘，刘淑云起初是持反对意见的。为什么呢？她知道李淑贤经历很苦，从小没有父母，受后妈的气，一个亲戚没有，学历又没有，自己一个人在外面生存挺不容易的，结婚后也没个娘家人，所以挺同情她的处境。给她找对象，就觉得应该完美些，帮她添补上家庭的温暖。后来，我们夫妇给李淑贤介绍了溥仪，起初李淑贤可能有点儿埋怨我，后来跟着溥仪到处转，也觉得挺风光。偶尔心里烦，她就打个电话把刘淑云叫到东观音寺那边聊聊。

刘淑云说，溥仪去世送到八宝山火化，须等待一个星期后取骨灰，在此期间李淑贤就找她商量买骨灰盒的事，不知道应该上哪儿去买？老刘说每天上班路过珠市口，那儿有一个专卖殡葬品的国营店，应该也有骨灰盒出售，两个人就到那里去了，李淑贤花 5 块钱买个骨灰盒。那时还在东观音寺住，老刘认为她手里多少有点儿积蓄吧，也还没有张口向别人借过钱呢。这以后，老刘又陪她去过八宝山群众公墓，她很低调，让老刘陪着去都得背着别人，"文革"中怕受冲击。从这时起刘淑云已经把李淑贤看作亲姐姐一样了。

1969 年夏天的一个傍晚，李淑贤突然来到我家，让我们顿感诧异。因为李淑贤婚后很少主动来串门，"文革"前一年溥仪因病经常住院，我们夫妇也只能偶尔邀请李淑贤到家里吃个便饭。这回看到李淑贤那憔悴的样子，老刘赶忙接过她带来的水果，让她坐下慢慢聊。她开口就说："总算还能见到你们，我真是不想活了，感觉一点意思也没有。"

溥仪突然离世给李淑贤带来很多痛苦和伤害。正值"文革"高潮，在那个动荡年代和人人自危的大环境中，各级政府处于"瘫痪"状态，成堆的问题无人解决，人们整天忙于政治运动。政协机关各级领导也都"靠边站"了，生活和前途一片茫然，社会关系中缺少了真诚、友谊和互助，许多老干部和老同志的生活都遇到严重困难，一些人还过早地含冤离世了。李淑贤自然感到孤立无援，除必须忍受丧夫之痛外，还要承受"文革"中众叛亲离最残酷的悲惨境遇，她为此而深深苦恼、惶惶恐惧，常常思念与溥仪共同生活的岁月，整天以泪洗面。就在她人生最低谷的时刻，我们全家向她伸出了温暖之手，帮助她度过艰难时光。正是这一时期建立的患难之情，使我们夫妇有机会了解和掌握到李淑贤晚年所有的重要经历，并对她的一生有了全新感悟。

李淑贤生前曾多次讲到自己"命苦"。她确实有着非同一般的生平经历，她有苦难的童年和青年，也有短暂、幸福的中年，更是在奔波、苦恼与孤独中步入晚年，那一幕幕真实场景不时浮现眼前，凄凉中带着些许的茫然与无奈，庆幸中也让人深深地感佩与怀念。

李淑贤抱怨溥仪去世后的人情淡漠、世态炎凉，特别提到与溥杰家的恩怨情结等。我们夫妇劝她想开点，关键是把自己照顾好，生活总得继续下去。进一步了解得知，溥仪身后除留下少量稿费和一点儿遗物外，没有任何财产。李淑贤的精神压力大，整天疑心重重，已患上精神衰弱，弄了一身病。刘淑云给她送去木耳，就在家里放着，她却说"别人给她换了"；她准备好想吃的药，也说人家"给她换了"，还常念叨"有人可以随意盗开我家门锁"，为此天天向刘淑云诉苦。刘淑云总是安慰她，真诚希望能有机会尽点儿微薄之力，帮她渡过难关。不管怎么说，溥仪是我给她介绍的，与她今天的境遇也不能说没有一点儿关系。我们夫妇既是"媒人"又是她多年的朋友，看到、听到她的境况，内心产生深深的愧疚和同情。

原来李淑贤这次来，也是希望找个伴儿，能陪她到八宝山群众公墓祭奠丈夫，追思已逝的亲人。老刘说："淑贤，只要你想去，我一定抽空陪你。"当年敢陪李淑贤去祭拜溥仪的亡灵，这可是要冒点儿风险的！不久，老刘就陪着李淑贤来到八宝山群众公墓，两人将带去的点心、水果和瓶装水，精心细摆，安放在溥仪的骨灰棺椁前面，面对溥仪遗像深深地鞠躬，满含泪水地将瓶装水撒到地上，以寄托对亡灵的哀思，那场面和情景至今令人难忘和感动。

李淑贤刚刚从丧夫之痛中解脱出来，首先遇到的问题就是不堪重负的生活费用。据李淑贤讲，仅房屋租金、水电、煤和电话等项费用，就欠下政协机关 300 多元。自 1964 年底李淑贤办理了离职手续就一直没有工资收入，政协考虑到这一点，决定在溥仪工资中增加 30 元按月补贴。溥仪去世后李淑贤再也顾不上面子，于 1969 年 6 月主动提出，从西城区东观音寺甲 22 号院搬进东城区箭厂胡同 17 号院内一间只有 8 平方米的小房子。

也是在那时，李淑贤认识了唐生明的保姆。原来李淑贤搬到箭厂胡同后也是住在政协家属宿舍的院落里，杜聿明、郑庭笈、唐生明等都在那个院子里住，成了邻居，李淑贤住的房子是该院内的大厕所改造的。沉重的生活负担虽有减轻，但李淑贤长期生病，医药及住院费用无处报销，只靠积蓄和每月 30 元补助，其生活境况很快就陷入贫困。恰在此后，李淑贤与刘淑云的接触特别频繁，她每次来到我们家，必留吃饭，聊家常，两位女士就像亲姐妹似的。可这时她已经不能不靠借钱过日子了。她跟刘淑云、钱家琳等都借过钱。

李淑贤是好脸面的人，生活中遇到实在困难，才会找老刘倾诉，张嘴借个十块八块的，这个礼拜借了，下个月就来还了。刘淑云曾问过她："你也不开支，从哪儿来钱？"她回答说："拆东墙补西墙呗。"刘淑云又深问："你那么好面子的人，这个钱

李淑贤经常到八宝山群众公墓祭奠丈夫

跟谁借啊？"刘淑云的意思是，那时她月工资就有 70 来元，我的工资更高些，家庭生活负担也不大，条件比较好，觉得借给李淑贤点儿钱可以不让她还。每月 10 块、20 块的完全可以富余下来，力所能及嘛！刘淑云不想要，李淑贤却一定要还。

有一次，李淑贤来借钱后又谈到看病吃药全部自费的情况，老刘建议她给原单位——朝阳关厢医院写个复职申请。老刘说："你总这样对待自己可不行啊。你向我借钱，我不想要了，你还一定要还，让我很难过。我劝你干脆给单位写个申请，打个报告，要求复职得了。有工作了，省得一天游神似的，还能挺开心。"几天后她真把申请递上去了，可能是让钱家琳帮她写的。单位领导告诉她"必须有健康证明"，然而在当时"健康证明"是没地方弄的，她让刘淑云帮忙，也没有办法，不了了之。

1969 年 11 月，我随文化部"五七干校"下放到湖北咸宁参加生产劳动，"接受贫下中农再教育"，家里就剩下老刘领着孩子了。整个 70 年代中每逢春节和其他节、假日，李淑贤几乎都在我家同刘淑云一起度过。街坊、邻居对她都很友好，也很亲热，不分老少都热情地同她打招呼："李姨儿来了！"邻居们还常把自家所做好吃的菜或自制"小点心儿"送给她品尝。李淑贤也会把带来的水果、糖果等物品分给邻居一些，她为人友善、亲和的形象可见一斑。当年我们的许多邻居，依然记得大家一起过年、过节的情景。

光靠朋友们帮助不是长久之策，到1971年李淑贤的生活更困难了。关键时刻，还是我们夫妇又给她提出建议："不妨给周总理或邓颖超大姐写封信，把你的生活情况反映一下，总理很关心溥仪的生活、学习、治病，也不会不管你的事儿，可否一试？"对李淑贤来说，这可是个很好的主意。她很快就请人起草，写好了给周总理的信。那已是1971年的冬天，政治形势还有点儿"左"，信发出以后没有消息。

事情的转机发生在1972年初，国务院机关事务管理局副局长侯春槐奉周总理之命来到东城箭厂胡同那间狭小阴湿的西房——李淑贤住处。侯局长详细询问了溥仪逝世后李淑贤的生活情况、身体如何、有什么要求？她回答说有两点要求：一是复职，适当安排工作；二是现住房条件太差，希望调换一下。侯局长临行时说："我一定把你的要求向周总理汇报，并把处理结果通知政协机关。"

不久，全国政协房管科张国阜同志通知李淑贤："鉴于你的身体状况，目前尚不宜复职，即使安排工作，也未必能胜任，决定由政协发给你每月60元生活费。同时，给你调换两间位于东四八条的阳光充足的北房。"临走，张同志还补充了一句话："总理亲自部署对你的生活照顾，连每个细节都想到了。"李淑贤将这一消息在第一时间转告我们："淑云，周总理派人过问我的事儿了，最近政协把给我的补助提高到60元，还把我从现在住的8平方米小房子调换到东城区东四八条20号院内的两间正房，这可解决大问题了，有空儿你到我那儿去看看吧。"李淑贤向我们讲述这些情况时说："咱们日理万机的周总理在百忙中还能这样细

第二章　溥仪遗物风波

致地关心我！"她说着说着就流下了感激的泪水。她又说，已经专程去过八宝山祭拜溥仪的骨灰盒，告慰了丈夫在天之灵，让他可以安心了。李淑贤对周总理那份深深的感激之情难以言表。

从这以后，逢年过节老刘仍然都会提前让孩子到东城区东四八条李淑贤的新居，请她到家里来吃一顿团聚饭。李淑贤是杭州人，爱吃老刘做的饭菜，特别像黄鱼羹、滑熘肉片、拔丝红薯、宝塔山药和八宝饭，更是她最爱吃的几道饭菜，这几乎是我们全家年夜饭的"保留菜目"，延续多年。后来李淑贤又搬到东城区北小街草原胡同 23 号院，我们照旧"按时"请她团聚。

李淑贤还是常常会为没有孩子而苦恼，也想过要我儿子沙飞当养子。但我们还是有些担心，也怕两家关系变得复杂，就没有表态。1974 年，郊区有个 4 岁女孩寻求抱养，李淑贤也动心了，并向刘淑云征求意见。老刘说，抚养孩子可不容易啊，能否贴心啊？能不能顺从啊？你可一定要慎重。她最终接受这一意见，放弃了机会。此后也提过几次"想要孩子"，结果全都没成。

1969 年至 1979 年正是李淑贤生活最困难、也是最需要朋友们帮助的 10 年。这 10 年中她与我们家交往最频繁、关系最密切，无话不说，遇事商办。无论是生活中遭遇烦恼和困难，还是与溥仪亲属间发生不愉快的事儿，我们夫妇都会帮着拿个主意。这类生活小故事不胜枚举，我们的陪伴支撑着她走过了人生最孤独、最艰难的岁月。

与李淑贤多年真情相处，也让我们对她有了更深入的了解：她多疑、敏感、固执的性格，以及受所谓"名分、关系和钱财"所累的痛苦，深深印刻在我们夫妇的记忆中。回忆这一幕幕，既有深深的同情，也有久久的无奈，这或许就是"命运"吧！

1976 年是令中国人民永生难忘的一年，中国大地动荡不安，噩耗接连不断。敬爱的周总理、朱德委员长和伟大领袖毛主席相继去世，唐山发生了大地震，"四人帮"倒行逆施，这一切都似千斤重担压在人们的心口上。

4 月 4 日清明节这一天，北京天安门广场聚集了十几万自发前来吊唁周总理的各界群众，他们向人民英雄纪念碑敬献花圈和花篮，悬挂各式白花和标语，张贴、朗读怀念周总理的感言和诗文。

原本打算在这一天到八宝山给溥仪扫墓的李淑贤，一大早就赶到我们家，与邻居们一起制作了一朵朵小白花，用线串联起来，带到天安门广场，挂在人民英雄纪念碑南面两侧树木的松枝柏叶上，以寄托对周总理的深深哀思。大家泪如泉涌，李淑贤更是悲痛欲绝，老刘一直搀扶和安慰她。在广场停留不久，又赶快护送她回到北小街草原胡同的家中休息，直到她的情绪平静下来老刘才起身告辞。由此可见李淑贤对敬爱的周总理怀有深深的崇敬之情。

三、重情重义的李淑贤

李淑贤与溥仪结婚后 6 次迁居。最早就在政协机关大院内的两间平房里住了一年多。1963 年 6 月 1 日迁入西城区东观音寺甲 22 号院。1968 年李淑贤因没有收入，主动要求而从东观音寺搬到箭厂胡同，也是住在政协家属宿舍的院落里，与杜聿明、郑庭笈、唐生明等为同院邻居，而李淑贤住的已经是一间挺小的房子了。进入 20 世纪 70 年代以后她又先后 4 次搬家：第一次是因为对居住环境不满意，于 1972 年从箭厂胡同搬到东四八条 20 号；第二次即 1975 年，又因邻里关系出现问题从东四八条搬到东城区东四北小街草原胡同 23 号，与仇鳌之子住在同院了，这也是一处很小的厢房；第三次搬家在 1980 年 6 月 12 日，李淑贤从草原胡同迁至朝阳区环境安谧的团结湖小区北一条政协宿舍 7 号楼 3 门 201 室，居住了 11 年。这是全国政协为溥仪举办追悼会以后境况转好，又分配给她的宿舍楼两居室单元房；1991 年 10 月 5 日，李淑贤第四次也是最后一次搬家，全国政协在西城区西直门南大街重新分配给她一套两室一厅单元房，此即政协宿舍8号楼2单元501室，直至去世。新居有了大客厅，面积也比团结湖大多了。李淑贤这几次搬家可以说是"步步升级"。这是李淑贤一生中最辉煌、也是最苦恼的一段岁月。

自从离开与溥仪共同居住的东观音寺甲22号院，李淑贤每次搬家都让张雪明给她买家具，粉刷房子，让我们夫妇给她"温居"，就是买一块肉什么的，把新居房屋温暖起来。刘淑云回忆说："李淑贤每次搬家前一定跟我说一下，要搬家了，让谁给她买个什么什么，怎么回事，怎么粉刷的房子，她满意不满意，都和我叨唠叨唠。搬完了也告诉我，让我再过去看看，我就会过去看看。她每次搬家我都作个记录。如果多日没见着面，李淑贤也会写封信或寄一张贺卡过来。"刘淑云至今保存着几封当年的信，都是由钱家琳代笔。请看这封：

　　淑云您好！久日不见，甚念。

　　身体好吗？工作很忙吧！我早想去看望您，今年天气很热，我近几个月身体很坏，骨刺很重，整天跑医院看病，做理疗，效果不大。

　　小飞放暑假回来，我没有去看他，他现在走了吗？他长高了吧！身体还好吧？快毕业了吧？

　　前几天老沙来看我，谢谢您们对我的关心！等我身体好些，我去看望您，请原谅。

　　您也要多保重身体，注意身体。

　　不多谈了！

　　祝您

　　生活愉快！

淑贤
9月4日

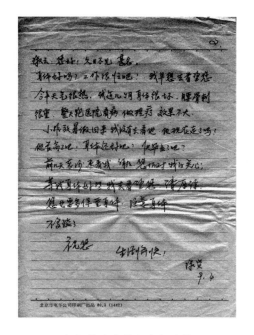

李淑贤致沙曾熙夫妇的信

　　李淑贤疑心很重，常对刘淑云说：有人打开她家的房门了，发现衣柜里存放的信件丢失了，衣服上还被泼了点墨水。老刘每次去看望她，她总是很无奈地打开衣柜让老刘看她衣服上的墨点。她还说她家里放的物件也被挪动过，她的药也被人给换了……李淑贤很喜欢吃木耳，老刘经常送木耳给她，她说第一次泡木耳效果很好，第二次却泡烂了，她说是"有人给换了"，因此李淑贤把家里最重要的东西全都放在一个手提包内随身携带。刘淑云都替她担心，一旦丢失在公交车上，事儿就闹大了！然而就是不能放在家里，因为她总担心会有"特务"进来，拿她的东西，祸害她的家。她还说，家旁边就住着"政府监督员"。

　　1986 年秋天，李淑贤从朝阳医院出院，当天还是刘淑云为她办理的出院手续。那时她住在团结湖，回家后刘淑云请假陪她一起住了 10 天。李淑贤这个人内向，跟别人交往不大容易交心。那些天，白天王庆祥来谈书稿，刘淑云就帮忙做饭，晚上两位朋友没事儿就聊天，常常聊到后半夜2点，说了不少心里话，时而也会谈到做饭炒菜的技巧。李淑贤也对刘淑云发牢骚，埋怨我给她介绍那位"皇上"："淑云，我要听你的就好了，都怨老沙，那时候挺多人给我介绍，很多挺好的干部，我都没考虑，最后嫁给溥仪了。"对此，刘淑云还真觉得挺内疚，以后就总是顺着她，哄着她，希望她能快乐一点儿。有时候我会批评几句，刘淑云就觉得我讲话太直。李淑贤呢？有什么事都要找老刘过来商量，没有一样事儿不找这位朋友。

我们还要回头再说说福绥境派出所老警官史育才。"文革"后史育才先在北京市公安局行政科工作，继任北京市公安局香山疗养院院长。李淑贤搬到朝阳区团结湖以后也已经是区政协委员了，境况转好。在由全国政协分配给她的宿舍楼两居室单元房间里，摆设了单人床、写字台、沙发，还有一台雪花牌单门电冰箱和一台昆仑牌彩色电视机。令人瞩目的是高悬于大房间正面墙壁上镶了镜框的大照片，那是1963年11月10日周恩来总理接见溥仪夫妻时留下的珍贵镜头。在它下方还有一幅同样镶了镜框的大照片，那是她和溥仪结婚后的合影。

然而李淑贤并不曾忘记在"红卫兵造反"的年代保护了她家的那位民警，又把电话打到香山疗养院院长史育才的办公室，依旧使用老称呼："史所长，您可是好人！这些年您还好吧？我现在老了，身体也不好，要不我就看您去了。"两位友人高兴地再续前缘。

史育才与这个特殊家庭的交往始于1963年6月溥仪夫妇搬到西城区福绥境那所带回廊的西式风格房子里居住，而因"文革"真情碰撞，又20多年过去了。史育才与妻子去看望当年管区老居民，记忆中那位杭州美女李淑贤已入老境，变成了十足的老太，几乎认不出来了。她当时正为丈夫的著作《我的前半生》打维权官司，可能太操心了吧。李淑贤依旧信任史育才，与之叙旧，诉说溥仪去世后她的孤独，对看不惯的事情直言不讳，感慨万千。还有一些闲言碎语传来传去，也影响她的情绪。

1963 年 11 月 10 日，周恩来总理在福建厅接见溥仪夫妇

溥仪和李淑贤结婚后的合影

北京有位电影导演获知史育才保护过"皇上"，就请他帮忙把李淑贤接到香山疗养院长谈，并开始了拍摄一部末代皇帝被特赦释放后生活题材电影的前期工作。不久，香港导演李翰祥拍摄的电影《火龙》公开放映，为避免题材重复，这项安排就终止了。电影《火龙》里的"史所长"满足了溥仪的临终请求，到医院看了他最后一面。这让作为"史所长"原型的史育才心里很不是滋味，因为现实中的史育才当年却没有可能给重病中的溥仪送去些许安慰，这件事足以让史育才抱憾终生！他也就此下定决心，今后还要加倍关照李淑贤。

20世纪90年代初李淑贤完成了最后一次搬家，当即把西直门内大街新址的电话告诉了史育才。就在夏季一个炎热的午后，史育才又去探望李淑贤。新居有了大客厅，面积比团结湖大多了，不过也有点儿欠缺，史警官发现她的居室西晒，就问她为什么不安装遮阳伞？李淑贤苦笑着说："我一个孤老婆子，找谁安装呀？"第二天，史育才就带着儿子给李淑贤家3个西向窗户都安装了遮阳伞。李淑贤对此念念不忘。第二年夏天还给史育才写信述说感慨："今年夏天我不怕晒了，3个房间安上了帘子，阳光进不来了，比往年夏天熬热好得多了。是您做了好事，我永远不会忘。您对我的帮助虽然不是一件大事，但当今像您这样善良的人不太多，都是锦上添花，雪里送炭的人很少，28年来我深深体会到，做人实在不容易……"

1996年年末，史育才照例收到李淑贤的贺年卡，衷心感谢他的关怀。当时，《爱新觉罗·溥仪日记》刚由天津人民出版社出版，李淑贤的心情很好，她在明信片上写着：

史院长您好！祝您们全家新年快乐！健康长寿！您11月份来看我，衷心感谢！天津人民出版社还没有把《溥仪日记》寄来，他们寄来了我就马上给您打电话，请您来拿，您没工夫，给您寄去。多多保重，万事如意！

史育才一直珍藏着末代皇帝溥仪遗孀李淑贤寄给他的这最后一张贺年明信片，还有一张他和李淑贤的合影。5个月后李淑贤病逝。她生前也跟淑云细细讲过她与史育才警官交往那一段段真实的故事。

李淑贤的友人中还有一位也值得说一说，那就是王大夫。王大夫是东北人，比李淑贤大四五岁，早年留学日本，夫人早逝。李淑贤身体不好，平时住院呀、拿药呀，都是请王大夫帮忙，接触久了彼此就产生了好感。记得有一次见到李淑贤时聊起王大夫，李淑贤问道："淑云，你看王大夫这人如何？"

"人挺好，很热心，医疗方面对你挺关照的，不错。"淑云随口答道。原来李淑贤是要征求淑云对她与王大夫交朋友的意见，淑云意会了，稍稍停顿，又说了几句："淑贤啊！再婚交友可千万要慎重，如果跟老王结婚，走出这一步容易，后悔可就难了！你身份特殊，要承受的压力很大，一定要想清楚再决定。"事后刘淑云才知道，王大夫曾送给李淑贤4枚珍珠戒指作为"礼物"，看来李淑贤可能真动心了。又过了一段时间，听朋友讲她与王大夫交往期间发现他感情不太专一，李淑贤就把那4枚珍珠戒指退还王大夫了。这段萌发的感情无疾而终。

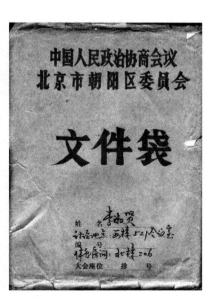

李淑贤连任北京市朝阳区第五、第六、第七、第八届政协委员。这是她开政协会议时用过的文件袋

李淑贤晚年孤身一人，但生活很有规律，上午随广播讲座学点儿外语，喜欢阅读《世界之窗》《新观察》《八小时之外》等知识性、趣味性书报杂志，她曾任北京市朝阳区第五、第六、第七、第八届政协委员，常常应邀参加社会活动。她每天过得都很充实，愉快而有意义。她老当益壮，满怀热情，还是学习、团结、治安、卫生等街道工作的好榜样，多次被评为"五好居民"。她的晚年生活是幸福的。

李淑贤对朋友也是很讲礼仪的。刘淑云回忆说，在我们40年交往中礼尚往来的情结早已经是难记全，也难想全了。不过，老刘至今还保留着李淑贤先后送给她留作纪念的部分物品：

杜聿明夫人曹秀清等看望李淑贤

李淑贤经常应邀出席高层次社会活动

1. 皮包

1989年春老刘要去上海，李淑贤想一同去。她特别想吃上海的阳春面，但因老刘下周就走，时间来不及了。周日李淑贤又来，特意给老刘送一个女士皮包，便于路上使用。

2. 纱巾

有一天，老刘陪李淑贤去购买项链，在菜市口百货商场（现已搬往牛街），李淑贤买了两条纱巾，当场就将其中一条带花儿的纱巾送给了老刘。

3. 头巾

这是一条黑色小纱巾，里边有故事：1965年初，一个星期日的晚上，我们夫妇抽空去西城东观音寺看望老朋友溥仪夫妇。李淑贤不在家，溥仪见到我们非常高兴，笨手笨脚地要给我们泡茶。我说：还是让老刘做吧！我们一起聊聊。溥仪随全国政协参观团从西北回来后也3个多月了，身体一直不大好，但说起去年在各地参观的感受，他就很有兴致。他讲起在南方参观"泥人工厂"和刺绣

溥仪来到无锡泥人研究所参观

溥仪夫妇在杭州西湖游览

厂，说工人们干劲很足，工艺也好。他非常喜欢那里出产的泥人娃娃，还买了几个带回来了，说着就把小泥人拿出来让我们摆弄着看。淑云说："淑贤还送给我一条黑色小纱巾呢！"溥仪连连摆手："礼轻、礼轻……"我说："情意重啊！"溥仪顺手拿出几张参观时的照片，指着其中一张告诉我们说，这是我和淑贤在杭州西湖公园里照的，那天正遇上刮大风，淑贤买了两条尼龙丝纱巾。一条是白色的，她这回照相时就已经戴上了。另一条是黑色的，带回北京后就送给老刘了。大家聊得很开心，李淑贤回来了，又聊几句家常，我们提出不要让溥仪太劳累，要多休息，溥仪夫妇把我们送到大门口告别。

刘淑云的家人和朋友都记得刘淑云在冬天还总戴一条红色纯羊绒长巾，那也是李淑贤特别为老刘选购的，1991年春节期间她来到我们家过年时送给老刘的。还有一条真丝头巾，是李淑贤平时来看我们时送的。每次来我家，李淑贤都要或多或少送点礼物。

4. 戒指

1986年李淑贤因病住院，出院后老刘在她家陪住了十几天，她就把一枚戒指送给老刘作为纪念了。

5. 裙子、衬衫

老刘去看望李淑贤，聊天时李淑贤打开衣柜让老刘看看她近来买的衣服。裙子是自买料加工品，她试穿时嫌长，不合适，就送给老刘了，因为老刘的个头儿比她高一些。李淑贤还送老刘两三件衬衫。其中一件是白泡泡纱的，老刘很喜欢，经常穿，已经穿坏了。

6. 四条软缎被面

1986年，李淑贤送给老刘软缎子被面料共4条，其中给我家小儿子两条，给我家大儿子两条，都是作为结婚礼物送给我家孩子的。两个儿子都很高兴。有两条已经做成被子了，另外两条至今还以被料存放着，就是要留个"念想"。

刘淑云至今珍藏的李淑贤所赠的纱巾等物品

四、黑色皮箱和神秘的棕色小皮箱

提起神秘的棕色小皮箱，我和淑云都不能不想起李淑贤多次向我们讲过的另外一只皮箱，那就是更神秘的黑色皮箱。

关于黑色皮箱的来历，还得从头说起。当年溥仪被赶出故宫时，随身携带的唯一一件物品，就是一个方方正正的黑色皮箱。以后它又伴随溥仪到了天津，再到长春、伯力，直到1950年8月1日溥仪被苏联遣返中国时依然随身携带。在抚顺战犯管理所改造期间，皮箱内夹层中还藏有溥仪从宫里带出来的468件珠宝玉器，后被同在战犯管理所改造的一个族侄检举揭发，溥仪才将所有宝物，连同此前主动上缴的那枚乾隆皇帝御用田黄石三连环玉玺，全部献给国家，争取立功赎罪，但黑色皮箱仍留在溥仪手中。获赦返京时，皮箱中只剩几件随身衣服了。在植物园劳动时溥仪还是把黑色皮箱带在身边，后来与李淑贤结婚就又带到新家里来了，这也是溥仪留下的一件具有历史价值和纪念意义的珍贵物品。

据李淑贤讲，1965年前后这个黑色皮箱曾被抚顺战犯管理所借去用于举办"改造战犯成果展览"，但不久"文革"爆发，展览被迫停办，借出的皮箱竟不知下落，再也没有回到李淑贤手里，令她深感遗憾。当初李淑贤本想不借，溥仪当然不会同意。"那是溥仪唯一的纪念物，要说不借吧，不好，借吧，到时候就没了。"这就是后来李淑贤常说的一句话，她也打电话追要过一回，答复说："已经找不到了，真没办法。"

多年以后，李淑贤再提到这只黑色皮箱时，刘淑云曾问道："当初是谁经手来借的？"

李淑贤答："这么多年，哪儿还能说得清楚啊！我也想不起来谁是具体经办人了，反正那件东西是抚顺战犯管理所借用后在'文革'的混乱中给搞丢了的。"

这只神秘的黑色皮箱承载着末代皇帝溥仪一生中很重要的一段经历。溥仪去世后，又让妻子李淑贤承载了她一生的喜、怒、哀、愁，最后伴随它的主人们不知去向，这是后话了。

据刘淑云回忆，李淑贤有一只神秘的棕色小皮箱，曾存放在她的好友张静蓉家里，1985年张静蓉移居日本后又转存我们家将近两年。那是四框立式深棕色皮箱，差不多每星期她都来一趟，取皮箱内的资料，其中有溥仪的原版照片，还有多本溥仪亲笔日记。为此刘淑云曾动员过李淑贤，希望她将里面的东西捐赠给国家博物馆，这样就可以不操心了，也能永远保存下去。直到1987年前后，李淑贤才考虑捐赠一事。

李淑贤这只棕色小皮箱上带两把小锁。从 1967 年溥仪去世一直到 1979 年，李淑贤把家里所有的贵重物品，包括溥仪被特赦释放后写的日记、往来书信、发言底稿、心得体会、《我的前半生》一书手稿、家庭影集等溥仪的全部遗稿和遗物当作纪念品，都放在这个棕色小皮箱里珍藏，时不时地拿出几件来翻翻看看，用以回忆夫妻间那段共同生活的美好时光。

李淑贤也像爱护眼睛一样爱护着这只棕色小皮箱。然而就是这样一只普普通通的小皮箱，却也历经风雨沧桑，流传有序，成为 20 世纪人类历史上的一段奇迹——即记载着溥仪从皇帝转变为公民的真实历程，正是这只棕色小皮箱为溥仪的转变历程奠定了重要的史料基础。李淑贤也因与溥仪结缘，以及这只小皮箱所蕴藏的价值，而一举成为"名人"。然而，恰恰也是这个神秘棕色小皮箱，让李淑贤晚年"名利双收"的同时，也感受着她无力承担的各种纠缠与烦恼。

李淑贤平时随身常携带一个深蓝色女士手提包，她总是担心包内的贵重物品有所遗失，不论到谁家串门，都要带上这个很大也很重的皮包。问她为什么总要随身带着它？她说这包里有证件、户口本、存折、首饰等重要物品，放在家里不安全。我们夫妇曾提醒她，带着这么多东西，万一路上有闪失不是损失更大吗？！她很固执，依然我行我素。加之她常常处理不好邻里关系，为此曾两次找政协机关要求搬家，这让我们夫妇以为她又犯了多疑的老毛病。

总是看到李淑贤这样辛苦、担心害怕，我们夫妇还是不断地提醒她，应该把这些重要的东西放在一个比较安全的地方存放起来。

"你把它搁在一个安全的地方嘛！不能随便摆在哪儿，或者来人多，或者谁借去看，或者你忘了，都有影响。应该作些记录，否则，丢了纪念物还挺伤脑筋的。"刘淑云向她建议道。

1963年农家历，溥仪当年的日记就写在这本农家历的记事格内

听刘淑云这样诚恳的建议，李淑贤这才道出实情。原来溥仪的遗物是她在"文革"中抢救出来的，仅存的溥仪部分日记和文稿现已成为她唯一的精神寄托。大约是在1979年秋，有一次李淑贤特别提到，"最近，整理溥仪日记和文稿时发现，《我的前半生》手稿丢了，还丢失了一些小物件，不知被谁拿走了"。那时常来她家帮帮忙的只有几个人，"真奇怪，"刘淑云问她这东西在哪儿搁着？她说："就在深棕色小皮箱子里。"

"家里往来的人太多了，这些珍贵资料不能继续放在家里啦！"我们夫妇听后很吃惊，这么重要的文献怎么会不明不白就没有了呢？李淑贤显然很急。

"淑贤别急，你再好好回忆一下，说不定谁借去看，没准过几天就会还给你的。"我们又说："今后你也应该记点儿日记，把做过的重要事情和往来重要人物记录下来，或可帮你些忙儿，帮你回忆或查找。"

起初她还仅仅是把溥仪遗稿作为纪念物品收藏、观赏，以后又有了应约写稿乃至合作写书的意向，也可以拿点稿费，因此获知溥仪那些手写原件不但是文物，还有现实的经济价值，丢掉太令人惋惜。1979 年 9 月，李淑贤发现《我的前半生》手稿丢失，马上向当地派出所和政协机关报案。我们曾就此问过李淑贤报案的处理情况，她回答说："他们讲，上哪给你找去？书都出完了还有用处吗？"此后不久她又给时任全国人大常委会副委员长的乌兰夫写了一封信，报告丢失文物的情况。她怀疑有人窃取了这部手稿。此信是在 1979 年 9 月 24 日寄出的，原信底稿尚存，内容如下：

乌兰夫副委员长：

我是原政协委员溥仪的家属李淑贤。本不想麻烦您，但有一事须向您汇报一下。

溥仪生前曾写下《我的前半生》一书，手稿一直在我处保存，最近发现手稿已遗失。情况是这样：我原住东四八条 20 号政协宿舍，1976 年 3 月搬到东直门北小街草原胡同 23 号居住，自 1978 年 8 月以来，接连多次在我外出后回到家里发现屋门被打开过多次，又发现家中丢失了一些小物件（我外出时，院内有时只有一家有人在）。我已向派出所和街道汇报过。

最近，我在整理溥仪遗物时发现《我的前半生》手稿已丢失，手稿放置在一只小皮箱内，其中有许多溥仪手稿，均未丢失，唯独丢失《我的前半生》手稿。我想，此墨迹不独是我个人所属，也是现代文物之一，是研究晚清政治、经济等方面内部重要文献，我感觉有向您汇报的义务。

特此向您作一汇报，望能派人查找，解决此事。因您工作很忙，别不多谈。此致

祝您健康！

溥仪家属李淑贤呈

1979 年 9 月 24 日

　　我们还向李淑贤提出建议，如果感到家里不安全，就赶快找一个放心的地方寄存起来。从此她开始考虑将存放溥仪遗物的棕色小皮箱藏在更安全可靠的地方。不久，她告诉刘淑云，已经把溥仪遗物和家中重要信件锁入棕色小皮箱，存放在朋友张静蓉女士（原李淑贤的同事，即张冲之母）家。到了1985年，张静蓉因丈夫为日本公民已经申请赴日定居，李淑贤又考虑要把内装"溥仪遗物等重要物品"的深棕色小牛皮箱转到我们家存放。我们立即表示同意："只要你放心并把它锁好就行。"没过几天，李淑贤就把小皮箱送过来了，她还特别强调说："这可是溥仪仅存的日记、文稿、往来信件和相片等物品，很有价值。"当时我们住在位于北京永定门外定安里人民出版社宿舍楼内，这种老式单元房卧室门上方有很大的内藏式储物间。老刘指指那里问李淑贤："你看放在这里如何？"

　　"非常安全。不过拿取箱子太麻烦吧？"

　　"没关系！沙鹏在家，好办。"

　　这以后，李淑贤每个星期都会来一两趟，从朝阳区团结湖小区过来，还要倒一趟车，每一次来，都是或存或取一些资料。常

为李淑贤保存小皮箱的张静蓉和她的女儿合影

常是简单说几句话，连饭都顾不上吃就匆匆离开，跑来跑去的，让我们感到她实在太辛苦。

李淑贤长期独居，加之当年的社会环境，把她磨炼得很顽强，也很自负。她常年体弱多病，患有神经衰弱症，睡眠和饮食都不正常，身心常常感到压抑。李淑贤的性格孤僻倔强，考虑问题瞻前顾后，逢人遇事敏感多疑，而晚年记忆和听力都不太好，情绪不稳定且爱忘事。例如，她既渴望获得别人的关怀，又担心被人利用；有人帮助她整理资料，又担心别人"惦记"溥仪的遗物；她经常说到经历的不幸，以获取朋友的同情；但当你提出问题或表达不同观点时，她往往会面露不悦之色，以致不欢而散。与朋友交往或与人合作中，高兴时她特别爱许愿，话说得很满，但过了一段时间，就把先前讲过的话忘记了，常常会因此而表露出尴尬无奈之状。这也许是和她自幼缺乏亲人关爱、对人不信任的心理有关。李淑贤的虚荣心比较强，许多想法缺少周全的考虑或不切实际，不善于听取别人善意的意见和建议，以致晚年常常陷入"为名利所累"的痛苦。作为末代皇帝溥仪的妻子，李淑贤社会知名度越来越高，应该说她活得更不容易了。

经过多年的奔波和努力，1987 年前后，李淑贤想出书和拍电影的愿望基本都实现了。我们为李淑贤高兴的同时，也为她多年的劳顿奔波和担惊受怕而感到担心，一再劝她将溥仪日记和部分文稿捐献出来，最终得以在 1987 年 6 月交由长春伪满皇宫博物馆收藏。这些重要文物回归了社会，可供广大人民群众参观，并了解这位末代皇帝、伪满康德皇帝的真实情况。

10 年以后的 1997 年，伴随李淑贤后半生欢、喜、哀、愁的这只深棕色手提牛皮小箱子，也随着女主人而远走高飞无影无踪了，成为知情人心中 "永恒的遗憾"。那么，神秘棕色小皮箱最后的走向和结局又如何呢？

李淑贤去世前约半个月，她的义子张冲从日本专程前来陪护一段时间，将要返回日本时，李淑贤曾让张冲带走那只棕色小皮箱，张冲不肯，他说："您一天健在，这个东西就应该在您身边，我不能给您拿走，因为这是您的纪念物啊！"

那只棕色小皮箱，到底是溥仪用过的那只黑色皮箱，还是李淑贤一直使用的那只棕色皮箱？曾一直是个谜。据李淑贤给我们讲，自从1965年将黑色皮箱借给抚顺战犯管理所以后在"文革"的混乱中丢失，棕色小皮箱就一直伴随着她。说到此处还有一段小插曲：1997年李淑贤去世以后，她的全部遗产包括这只棕色小皮箱去向不明。她的义子张冲从日本回国奔丧期间，向当地警方报了案，后经查明是一位溥仪家族远房后人接手了李淑贤尚存的遗物。据说在警方的协调下，那位远房后人仅退回部分现金和物品完事，原因是李淑贤生前财产既没有遗嘱托付也无直系亲属继承。

五、遗物"捐赠"始末

溥仪去世后，李淑贤的身体一直不好，患有严重的神经衰弱和失眠症，经常吃药和各种营养品，那段时间我们夫妇常去看望，经常会碰见她在房里摆弄那只棕色小皮箱，时间长了才知道箱子里面放的全部是溥仪遗物。李淑贤说，溥仪遗物是她的精神寄托，每当想起溥仪时都会把他的遗物翻出来看一看、摸一摸，回忆他们夫妇那段在一起的生活。1985年以前，李淑贤的复职申请尚未获得朝阳医院的答复，日常仅靠全国政协发放的60元钱补助款生活，她这人又很爱面子，拮据程度可想而知。自从与王庆祥合作以后，《溥仪与我》《溥仪的后半生》《爱新觉罗·溥仪画传》和《爱新觉罗·溥仪日记》等大量著作相继出版发行，还与香港著名导演李翰祥合作，拍摄了电影《火龙》。虽说当时拿到的稿费并不很多，但对李淑贤而言可是不少的收入。看得出来，那段

李淑贤正在翻阅上海人民出版社编辑送来的《爱新觉罗·溥仪画传》样书

日子李淑贤虽在奔波忙碌，却洋溢着满足感。

1979年9月10日，王庆祥经我引见而与李淑贤会面后第一次看到放在棕色小皮箱里面的宝贝，都是溥仪遗物，而且都是能够反映他被特赦释放后经历的极为珍贵的文字和照片资料，有日记、书信、文章底稿、发言稿、国内外记者采访记录，还有一本溥仪亲手编制的内存百余张历史和家族照片的《影集》等，这些都是李淑贤在"文革"年代从火堆里抢救出来的。王庆祥是学历史的，当然知晓李淑贤手中这些资料的文史价值，很希望能与李淑贤进行合作，实现珍贵资料的自身价值。

当年担任《社会科学战线》编辑的王庆祥，因在北京组稿而联系到中国社会科学院民族研究所研究员黄振华，恰巧黄振华的爱人孙月荣与李淑贤是同事，谈到溥仪夫人李淑贤手中可能还有历史资料，黄振华问王庆祥是否想见一见？王庆祥当即表示"很想见见"。第二天，黄振华又很遗憾地对王庆祥说，这几天爱人有点特殊情况不便帮忙。如果着急见，可以到人民出版社请溥仪和李淑贤的媒人沙曾熙引见。王庆祥这时想起了一位老同学，那就是当年在人民出版社《人物》杂志社工作、后来成为《红楼梦》研究专家的胡文彬。于是，王庆祥立刻去找到他，胡文彬又介绍王庆祥与我见面。据回忆，胡文彬在办公室找到我，说他在吉林大学历史系的同学王庆祥是《社会科学战线》杂志历史编辑，专程到北京拜访李淑贤，希望我能帮忙引见。我听说此事心中一亮，因为此时李淑贤正为溥仪日记等资料整理事宜发愁，听到这个消息她一定会很高兴，所以我当即应允："李淑贤就住在我社附近的草原胡同，下班后我陪你们去。"就这样3人相约一同前往北小街草原胡同23号与李淑贤见了面。说明来意后李淑贤很高兴，我随后说："淑贤，王庆祥同志这次来，目的是撰写溥仪被特赦释放后工作、生活以及你们夫妇的婚后经历，你帮助找找资料，可以合作嘛！也是对你的支持呀！意向如何？""好哇，我还保存着一些溥仪日记的原稿，先看看吧。"李淑贤爽快地说道。

王庆祥是典型的东北人性格，聊天中透出几分豪爽和精明，他给李淑贤讲述了出版溥仪生平文献的价值和意义，说得李淑贤很开心。两人相约尽快展开后续实质性工作。那天李淑贤还高兴地留客人在家吃饭，由于大家都有事情要办，我提议等文章发表了再庆祝一番不迟，大家就此告别。

后来听李淑贤讲，这次接触以后，王庆祥又一连到草原胡同去过几次，深棕色手提牛皮小箱子里的"宝贝"，都给王庆祥拿出来展示了。王庆祥用惊奇的目光细看眼前这些真正属于中国末代皇帝溥仪的亲笔手迹和真人真影，又兴奋又激动地说："合作吧，您只要提供这些资料，《溥仪的后半生》就可以问世了！"李淑贤也很高兴。她完全没有想到，作为纪念品留下的这点儿东西还真派上了大用场。继而两人就进一步合作事宜深入交流。王庆祥的出现让李淑贤看到了希望，通过出版有关溥仪的著作，不但对已逝的丈夫有所交代，同时也能改善其拮据的生活状况。

李淑贤从 1979 年开始与王庆祥合作，撰写溥仪生平系列著作

据李淑贤回忆，当时她还问过王庆祥除了这些资料还需要什么？王庆祥回答说，缺您的回忆内容啊！请您把与溥仪相识，以至恋爱、结婚、工作、政治活动、参观访问、接待记者采访，以及家庭生活、生病住院，直到溥仪去世的全过程好好回忆一下，记录下来，只要留住史实就行。您可以自己随意写下，建议你最好买个录音机，想起来就说一段，录下来，也很方便。

后来李淑贤、王庆祥都跟我们夫妇讲过，他们当时口头商定了合作整理溥仪遗稿的初步计划，其内容包括：一、清理溥仪的日记、信函、会议发言稿以及文章底稿等遗存文字，整理、注释、编选、出版《溥仪手稿选编》；二、由李淑贤回忆与溥仪共同生活的细节并记录下来，然后交给王庆祥整理成为《溥仪与我》一书出版；三、合作撰写《溥仪的后半生》，作为溥仪自传《我的前半生》的续篇出版。

李淑贤与吉林省社会科学院的合作，后来产生重大影响之《溥仪的后半生》等著作的撰写和成稿，就从这个时候开始了。为了方便李淑贤的回忆和记录，据说王庆祥为李淑贤准备了数十本带有《社会科学战线》标识的稿纸，很厚一大摞，因为不便邮寄，就拜托编辑部一位同志捎到北京。1984年以后，李淑贤与王庆祥合作编写的《末代皇后和皇妃》《溥仪与我》《溥仪的后半生》等著作陆续出版，多年的辛劳终于修成正果。

李淑贤那个棕色小皮箱的故事还没有讲完，自1985年以后小皮箱一直存放在我们家。说实在话，我们夫妇也为此担心，怕万一有什么闪失，既对不住物件主人，更难以承担它所承载的历史责任。近几年来李淑贤已与王庆祥合作出版了许多书，且又涉足影视，在我们看来时机已经成熟，就动员李淑贤尽快捐赠溥仪遗物，总在她面前唠叨。

大约是1986年底的某个周末，李淑贤又到我们家来存放物品，孩子从储存柜取下她的棕色小皮箱，她接过箱子提到内屋放好物品锁好后，又交给孩子放回原处了。我们就坐下来聊了起来，从《我的前半生》官司进展说起，李淑贤挺生气地说："我聘请的律师，关键时都不帮我说话……"淑云劝她"想开点"，遂把话锋一转："淑贤啊，你身体不好，成天奔波太辛苦了，你的书该写的都写了，该出版的也都出版了，电影也拍了，对你来说这些资料已经没有太多使用价值，整天为之提心吊胆，总说'家里有陌生人进入''物品被盗''溥仪手稿丢失'等，多操心啊！"我们很同情她，替她担心，真心希望她能把那些"宝贝"捐献出去，但李淑贤听后并没有做出回应。

大约在1987年春节以后，经慎重考虑，李淑贤决定将溥仪遗物捐赠给国家有关部门。就此她曾征询我们的意见，往哪儿捐更适合？我们的建议是溥仪历史上的主要经历在东北长春，他在那儿当伪满"康德皇帝"，溥仪对中国近现代史的价值主要体现在东北伪满年代和改造期间，溥仪遗物和手稿捐到东北辽吉地区比较妥当，特别是长春的伪皇宫陈列馆（今称伪满皇宫博物院），应该作为捐赠首选之地。

果然没过多久，约在 1987 年 5 月，李淑贤匆匆赶到我们家，聊了几句就提出要将棕色小皮箱带走。我们好奇地问道："溥仪遗物捐献的事儿有结果了吗？"那天，李淑贤好像刻意回避这类事儿，待了一会儿就离开了。李淑贤拿走小皮箱，我们感到如释重负，庆幸能在两年后将承载部分溥仪遗物的棕色小皮箱"完璧归赵"，我们估计捐赠事宜或已确定。

又过了半年，一天李淑贤来串门聊天，主动谈到她已把溥仪遗物和部分文稿捐给了长春伪皇宫陈列馆，并获得 5000 元奖励。我们听后非常高兴，夸赞她做了一件利国利己的事儿，今后可以享清福而不必再为此担心了。说来也巧，多年以后老刘的一次长春经历，彻底解开了李淑贤所谓"捐赠奖励"之谜。

溥仪在长春当了 14 年伪满皇帝，他的"福贵人"李玉琴经历了人生沧桑巨变以后，曾长期担任吉林省政协委员和长春市政协

1982 年 4 月 20 日，李淑贤由年轻友人张雪明陪同第一次来到长春

李淑贤来到伪满皇宫，在九龙门前与王庆祥合影

委员，这些早已为人们所熟知。然而，溥仪的妻子李淑贤生前两度前往长春，则很少有人知道。

1982年4月20日，李淑贤第一次去长春，目的是要取回当时存放在长春的溥仪遗稿等资料。为了方便，原拟让刘淑云陪同，而老刘虽已经从原单位退休却又被外单位聘用，难以脱身，不得不由一位年轻友人张雪明陪同前往。

当时正是李淑贤与王庆祥合作整理溥仪遗稿而被人状告并遭遇巨大困难的时候。原因是有人冒用李淑贤名义，在某报"内参"刊出一篇失实之文，引起中央领导人关注，并层层批示，后经调查已确认不实。然而，溥仪的日记、照片和一些文物等仍由调查组封存着。李淑贤当然不放心，就前往长春讨要。李淑贤跟我们说过，这件事儿还挺不顺当的。调查组拒绝归还，李淑贤为了维护权益而宣布绝食，以死抗争，到底还是把资料都要回来了。她又当面向吉林省委宣传部董速部长和吉林省社会科学院领导说明了某某人冒用她的名义向中央反映与事实不符的情况等问题，澄清了某报"内参"所刊不实文章的真相。

勤民楼——溥仪当伪满皇帝时曾在这里"办公"14年

长春伪满皇宫博物院展出李淑贤捐献的溥仪各种证件

长春伪满皇宫博物院展出的李淑贤捐献的溥仪日记

长春伪满皇宫博物院展出李淑贤捐献的溥仪开襟羊毛衫

事情办完，李淑贤还想看看丈夫生活过的地方，就去了一趟伪皇宫陈列馆，也就是溥仪当傀儡皇帝的"宫廷"，受到馆领导热情的接待。

李淑贤说到做到，1987年6月就把溥仪日记原件、各类手稿、出席会议的证件、被特邀为全国政协委员的公函、出席国庆观礼时佩戴的红绸条，以及她与溥仪的结婚证书等珍贵文物共69件都捐给长春伪皇宫陈列馆了。这些文物全部定为国家一级文物，成为镇馆之宝。

1995年5月，李淑贤第二次前往长春，是约刘淑云一块儿去的。这回就住在王庆祥家里了，目的是想跟他商谈一下深入合作、出版新书事宜。老刘当时在家带孙女儿，因感到外出不便而有些犹豫，李淑贤对老刘说，没关系呀，把沙怡平也带上，到长春后有人接待，咱们也享享福，顺便还可以参观游览。不久，3人便乘火车抵达长春。

李淑贤并没有事先打招呼，下了火车就直接打出租车到王庆祥家里去了。为了修订那本回忆录《溥仪与我》，她把溥仪去世

1995 年 5 月 16 日李淑贤第二次来到长春，刘淑云及孙女沙怡平同行。图为她们在王庆祥家欢聚时的情景

1995 年 5 月刘淑云与孙女平平在溥杰旧居前留影

李淑贤与刘淑云
及刘淑云的孙女平平
在一起

后她自己 20 余年的坎坷经历增补了进去，她又积累了一批资料并带到长春，希望王庆祥尽快动笔。刘淑云还记得李淑贤在火车上给她讲"老猫"和"小猫"的故事：李淑贤称呼溥仪为"老猫"，而溥仪就管她叫"小猫"，"老猫"和"小猫"总能玩出一些花样来。

　　到长春第二天，李淑贤和刘淑云就由董国良（原伪满建国大学毕业生，曾与人合作翻译出版《溥仪日记》，时任吉林省社会科学院研究员）陪同，游览了南湖公园、长春电影制片厂和溥杰故居。溥杰故居外面有一道木制栅栏围墙，当时已改作幼儿园。董老向幼儿园老师说明来意，同意我们进园参观。进去就看到一个大厅，一群天真、活泼、快乐的孩子们正在那里玩耍，刘淑云的孙女平平一点陌生感也没有，跑过去和小朋友们拉拉手，一同玩耍起来了！

参观孩子们睡觉的房间，却没有看到床铺，房间里仍然铺着日式榻榻米。厨房、卫生间、洗澡间、饭厅一应俱全，各个房间都是推拉门，小巧、别致，看上去一定还保留着溥杰和嵯峨浩那个家庭原来的模样吧！

参观历史文化景点，大家都很开心，并再次前往伪皇宫陈列馆参观，然而却在这里遭遇了一件令他们尴尬和不愉快的事情。

那天我们来到伪满皇宫博物院大门口，董先生请收票人员通报一下，末代皇帝溥仪夫人李淑贤一行前来参观，希望他们关照一下。服务员请示后传达了领导的意见："请照常购买门票。"看来此馆不买李淑贤的账，董先生就抢先购买了门票。可是他也感到难以理解，入门后还找到馆长办公室，人家不见，说"出差了"。又找副馆长，"副馆长也不在"，弄得大家都很尴尬，也很无奈，挺扫兴的。

李淑贤与老刘等就像普通游客那样进门，一一观览了缉熙楼、勤民楼、怀远楼和同德殿。这里固然留有溥仪当年的痕迹，然而作为平民的李淑贤怎么会拥有免票的"特权"？假如晚几年她还能有机会再去看看，就会看到"从皇帝到公民"展览中摆出了她所提供的照片和实物，千千万万的游客将会从中受到历史的教育和启发，她会感到欣慰的！那天，她还不以为然地对刘

李淑贤与刘淑云及刘淑云的孙女平平来到长春伪满皇宫博物院勤民楼前

淑云和董先生说了一句："溥仪被特赦释放后每次游览故宫都自觉购票入门，今天我们也购票参观伪皇宫陈列馆，这也不错。"

在长春期间，王庆祥和李淑贤还讨论了经过修订的回忆录《我的丈夫溥仪》中文版的进度。这次修订是依据李淑贤口述、小钱

李淑贤与刘淑云及刘淑云的孙女平平在伪满皇宫九龙门前合影

李淑贤来到伪满"康德皇帝"宝座前

溥仪在谭玉龄的照片背面亲笔写了"我的最亲爱的玉龄"几个字，并把照片珍藏在庄士敦赠送的皮夹内，一直带在身边

帮她记录，最后又经她本人亲自阅改的共9个蓝格笔记本手稿而成书。他们还谈到这本修订版回忆录的英文版和日文版翻译之事，李淑贤也很希望能把她的回忆录发行到全世界。5月19日晚，家庭送行宴摆过之后，王庆祥又把李淑贤和刘淑云二人送上返京列车，依依惜别。

事情已经过去了，然而刘淑云还是想不通：才把溥仪遗物捐给他们没几年，为一两张门票就将捐赠人拒之门外，这些人怎么会这样做？后来听董先生私下给老刘解释说，当年李淑贤将溥仪遗物和部分文稿，以2万元的"高价"卖给了馆方，双方在价格商议中有些不愉快，这才是馆方对李淑贤一行到来并不热情的原因。但这是事实吗？李淑贤曾对我们夫妇说过的"捐赠"和"奖励"，又是怎么回事儿？我们夫妇劝她进行的捐赠，最后变成了别人认为的"一宗买卖"吗？

李淑贤捐献溥仪遗物这件事后来还是弄清楚了，她确实把69件珍贵文物捐给了长春伪皇宫陈列馆，馆方奖励2万元。她对刘淑云说只"奖励5000元"并非实情，"不愿露富"也是人之常情吧。

这以后刘淑云在和李淑贤的聊天中，也就不大过问她"又拿了多少稿费"呀等女性爱聊的话题了。对这件事，我可是不客气地批评过她："淑贤，捐献文物也不用收那么多钱嘛！更不必隐瞒实情啊！溥仪的东西不同一般，其实就应该归还给国家。"

现在看来，溥仪遗物是无法用金钱衡量的，是无价的。如果今天拿出去拍卖也是正常现象，或许能拍卖上千万，也没有人会说三道四。李淑贤终归是个普通百姓，在那样的社会环境下嫁给溥仪，当时也并未想过要什么好处，只是考虑了溥仪的地位、名声。其实收取 2 万元奖励，也不能算怎样的"高价"。然而，她毕竟是独身生活，没有后代，要很多钱又能有多大意义呢？莫不如给后人留下溥仪最后的光泽，留下溥仪夫人李淑贤令人尊崇的人格，都可以算是好"念想"。这就是我们夫妇当年的主张。

据我们了解，李淑贤也有很爽快的一面。举个例子，谭玉龄选妃那张照片，被溥仪放在庄士敦赠予的小皮夹里随身携带，一直到交到李淑贤手中时，照片还在夹子里没动过。最后她把这个皮夹连带照片一块儿捐给了伪皇宫陈列馆，这件事就做得很好。

在我们看来，当年李淑贤以"有偿征集"的形式与长春伪皇宫陈列馆商议捐赠溥仪遗物，彼此都忽视了捐赠物本身的历史价值和所承载的东西。如果双方能站在彼此的角度妥善协商，或许对李淑贤的"名"和"利"都是一种维护。捐赠溥仪遗物本属义举，结果却落个"有偿征集"的名声；即便如此也应该光明磊落地主张权益，而不必刻意回避自身权利的正当性。作为溥仪遗物和部分文稿"捐赠"的知情者，我们夫妇为之深感惋惜和无奈。

李淑贤不幸于 1997 年 6 月 9 日因肺癌去世，她已向亿万中外读者传布了溥仪后半生生活中真实而丰富的信息，依法维护了丈夫的名著《我的前半生》一书的著作权。她可以微笑着离开这个世界了。

第三章

传布溥仪的公民人生

20 世纪 80 年代，改革开放的春风沐浴着中国大地，各条战线的人们都在奋发努力，改变着自己，改变着社会，也改变了李淑贤。这段时期是李淑贤一生最忙碌、最烦恼、最辉煌，也是值得永久记忆的时期。

一、曲折、坎坷的合作历程

自从 1980 年 10 月李淑贤与王庆祥签订合作写书协议后，有关溥仪题材的文史传记作品持续升温，受到全国乃至世界范围的关注。当时国人对合作协议、版权归属等现代文化市场经济管理模式，普遍缺乏清晰的认识、判断和行为规范。李淑贤与王庆祥的合作中有过怎样的曲折和坎坷？溥仪当年撰写《我的前半生》时的主要参与人在著作权中究竟是什么角色？可以说，整个 20 世纪 80 年代乃至李淑贤离世，她一再陷入各种纠纷的"泥潭"，这既是那个时代的无奈，更是李淑贤的悲哀。据我们所知和已经公开的"内幕"，李淑贤经历的纠纷和烦恼纷至沓来，作为朋友，客观地说，她确实是一个既固执又坚强的人，其经历的种种磨难和波折对后人或有启示和借鉴。

1980 年年初，李淑贤决定与吉林省社会科学院合作，整理编撰《溥仪手稿选编》《溥仪的后半生》和李淑贤回忆录，又有怎样的经历呢？达成合作意向、经李淑贤同意并留下借据后，王庆祥将溥仪日记和文稿等原件带回长春。因尚未签订合作和收益分配协议，李淑贤颇不放心，曾几次跟我们说出她的担心，希望尽早取回资料。我们的意见是：既然已经商定合作写书，这也是"大工程"，就要给人家时间。再说人家是国家干部，有单位，就应当充分信任，不要三心二意。当然，最好是签一份书面协议，就更有保障了。这一建议很快就得到李淑贤和王庆祥的回应，1980年10月下旬，在北京朝阳区团结湖李淑贤家里，两人协商签订了《关于溥仪遗稿的整理与出版有关事宜的协议》，其间，李淑贤多次征求过我们的意见。原协议内容如下：

　　李淑贤保存的溥仪遗稿，包括日记、文章手稿、回忆录等，已于一九八〇年初交给吉林省社会科学院《社会科学战线》编辑部王庆祥同志整理。李淑贤同志的口述材料以及溥仪影集中的若干照片，也同时交给了王庆祥同志。

　　经过几个月的整理工作，现已由王庆祥编出《溥仪手稿选编》初稿。凡属具有研究价值的原始资料全部收入，并附以由李淑贤口述、王庆祥整理的回忆录，还有王庆祥编写的《溥仪大事记》等，全书约30万字，将于改定后交付出版。

　　关于该书出版时涉及的有关事宜，经李淑贤和王庆祥协商后确定下列各款：

　　一、《溥仪手稿选编》系由李淑贤提供资料，王庆祥整理编撰，是两人共同劳动的成果，出版时由两人共同署名（次序以李淑贤在前、王庆祥在后为宜），版权永远属于李淑贤和王庆祥两人，今后再版必须经双方同意。

　　二、《溥仪手稿选编》一书的稿酬，由李淑贤得百分之六十，王庆祥得百分之四十（李淑贤同志应得的那部分不作任何扣除或提成，印数稿酬和再版稿酬的分配比例均照此执行）。

三、由李淑贤同志提供的照片，无论在何处发表，稿费均全部归李淑贤同志。

四、因某某在李淑贤口述期间曾参加一部分记录工作（大约记录了两三万字），可考虑在发表李淑贤回忆文章时，在前言或后记的适当地方提及此事，以不埋没他的劳动。两人还同意从稿费总数中拨出五十元给某某，从优考虑，以为记录报酬。

五、在《溥仪手稿选编》出版后，王庆祥根据溥仪遗稿和其他文献资料编著的溥仪传记可自行处理，版权归王庆祥同志，属于王庆祥同志的研究成果，但亦应在前言或后记中注明资料来源。

六、全部溥仪遗稿应在整理后尽快归还李淑贤同志。并将资料复制情况开列明细交给李淑贤同志。资料归还后，在《溥仪手稿选编》一书出版前，李淑贤同志有责任防止资料扩散。

七、此协议一式三份，分别由李淑贤同志、王庆祥同志和吉林省社会科学院《社会科学战线》编辑部保存。

八、此协议在加盖吉林省社会科学院《社会科学战线》编辑部公章，并由李淑贤同志和王庆祥分别签字后即行生效。

协议人签字：李淑贤
王庆祥
（社会科学战线杂志社公章）
一九八〇年十月三十一日于北京

协议签订后一年时间里，王庆祥陆续向李淑贤提供回忆提纲，尽量为她的回忆、口述及核实工作创造方便条件，李淑贤也陆续给王庆祥寄出部分回忆口述记录。据李淑贤事后跟我们讲，那段时间里王庆祥非常积极，促进了工作的深入，她很满意。

不久，李淑贤与王庆祥合作的《溥仪手稿选编》《溥仪与我》和《溥仪的后半生》3部书稿，先后脱稿，共70余万字。据王庆祥说，吉林省社会科学院佟冬院长是一位老革命家，当年曾给范文澜当助手，参与过《中国通史简编》的编著，这回也专门把他叫到办公室，给予鼓励和支持。后经领导同意，已把书稿分别交给了天津人民出版社和辽宁人民出版社出版。

据李淑贤讲，当时，曾在李淑贤回忆口述期间做过两个多月记录并协助她写过《人物》杂志约稿文章的那位街坊年轻人，要求李淑贤废弃与王庆祥的合作协议，并把溥仪日记、手稿等全部交给他，由他个人"包写"或"参与到写作组内"。为此李淑贤也曾征求过我们夫妇的意见，我们建议"不妨由三方坐在一起协商"，未被采纳，李淑贤不同意让那位街坊年轻人参与，认为他"文

李淑贤在团结湖的家中与辽宁人民出版社编辑袁间琨等商谈《溥仪与我》书稿的出版事宜

化程度不够"。继而那位街坊年轻人又在 1980 年 10 月 9 日直接写信给《社会科学战线》编辑部,声称自己是溥仪资料的"记录者""调查者"和"整理者",要求参与到写作班子里来。当时,《社会科学战线》编辑部回信婉拒了他的要求。说明编辑部与他"没有直接关系",让他有何要求可通过李淑贤提出,否则无法答复。据李淑贤回忆,那位街坊年轻人不服气,遂在 1981 年 5 月 20 日致信当时担任吉林省委第一书记的王恩茂,反映"王庆祥擅自将有关材料寄往长春,有窃用别人成果之嫌",其已发表的文章"均属剽窃而成"云云,但未获回应。

俗话讲"屋漏偏逢连夜雨,船迟又遇打头风"。就在此时,李淑贤与王庆祥的合作也出现了误会。由李淑贤提供资料、王庆祥撰写的《溥仪的后半生》一书在已交付天津人民出版社出版过程中,该社主办的《八小时以外》杂志为了抢先宣传而在该书尚未定稿之际就选发了部分章节。《中国建设》编辑部闻讯后即向王庆祥索稿,也要求连载部分内容。特别是王庆祥所在单位主办的《社会科学战线》,作为当时唯一与李淑贤签约单位,更坚决要求抢发《溥仪日记》选篇,这都是王庆祥无法拒绝和阻挡的事情。再回过头来看,当年人们的法规意识不强,基本没有"著作权的意识",加之王庆祥没能就此局面亲往北京主动与李淑贤沟通,讲清楚彼此在文章发表的刊物上怎样署名、如何分配稿酬等细节,乃至酿成重大误会。多年以后,王庆祥仍然对自己当时的失误感到遗憾。

《八小时以外》《社会科学战线》《中国建设》集中刊出了溥仪后半生的有关文献,李淑贤认为王庆祥没有按照原来双方的约定顺序出版或发表合作著作,遂通过《社会科学战线》编辑部转信给王庆祥,不巧这封信又在编辑部压了十几天,以致李淑贤未能及时接到回信。她又致信吉林省社会科学院领导,要求"作出说明和解释",由此掀开一场本属于完全可以避免的风波。

　　为了消除误解，王庆祥于 1981 年 6 月赴京当面向李淑贤说明情况，两人补充了条款，达成新协议，把原定《溥仪的后半生》一书著作权归王庆祥个人所有改定为李淑贤、王庆祥二人共有，同时注明原始资料所有权归李淑贤个人所有。我们夫妇也是新协议签署的见证人。记得当时谈到稿费分配时，双方姿态都很高，气氛友好。王庆祥说："可以按四六分成，我拿小头。"李淑贤马上表态："就按五五分吧！各拿半数是合理的。"两人的合作从此走上坦途，也为溥仪研究著作的问世奠定了坚实的"人和"基础。

　　可事情远没有那么简单。那位李淑贤街坊年轻人，并没有就此停止要求"参加写作"和以李淑贤名义"抗诉"的活动。据李淑贤后来跟我们夫妇讲，那个年轻人通过当时在《人民日报》社实习的某新闻实习生，写出一篇状告王庆祥的文章，是擅自借用了李淑贤的名义。该文指称："今年 2 月以来，《八小时以外》《中国建设》两家杂志分别刊登了题为《末代皇帝的后半生》《皇帝成了公民以后》等同样内容的创作，是他（指王庆祥）不讲记者道德，采取卑劣手段巧取豪夺他人之功的产物"，还称"目前，李淑贤和他强烈要求中共吉林省委和吉林省社会科学院立即处理王庆祥的问题，并向王庆祥索回其'整理'的有关溥仪的全部资料，迅速归还原主"。

　　据李淑贤说，她反对任何人"冒用她的名义"状告别人的行为，强烈要求《人民日报》尽快解决这一问题。调查组来过几次，他们让李淑贤看了《人民日报》内参那篇文章，她感到很惊奇："怎么搞这一套？你愿意告王庆祥我不管，为啥要用我的名义？"由于李淑贤坚持正义，不懈努力，而令这个已有高层领导一再批示的问题终获圆满解决。

　　李淑贤做这件事最困难那两三年，几乎每个礼拜都要往我家跑两三次，出现新情况就跟我们沟通，有相关的信件或文字材料也一定让我们看，能帮她拿主意嘛！我们也因此而深知其间细情。

二、《溥仪与我》《溥仪的后半生》先后问世

1984 年 2 月，李淑贤的回忆录《溥仪与我》最早由《长春文史资料》专辑（第 6 辑）发表。随即由长春市政协编入《末代皇后和皇妃》一书，交吉林人民出版社于 1984 年 12 月出版。全国政协所属的中国文史出版社又将该文编入《溥仪离开紫禁城以后》一书，于 1985 年 1 月出版。其间，延边教育出版社还在 1984 年 10 月出版了单行本。

此外，《广州日报》《辽阳日报》《四平报》《文学大观》等全国各地几十种报刊连载或选载。中国台湾《传记文学》也于 1989 年 9 至 10 月间全文转载，并由英国学者戴维思译成英文。由香港导演李翰祥拍成电影《火龙》（王庆祥为第一编剧人）。电影在海外公映以后，又在 1989 年春节期间由中央电视台播映。该书韩文版以《中国末代皇帝溥仪的后半生生涯及爱情》为书名，

《长春文史资料》第 6 辑（长春市政协文史委 1984 年出版）书影

在海内外出版的《溥仪与我》一书的各种版本

于 1992 年由大韩民国电波科学出版社出版（郑顺玉、金乃善、金真译）。该书日文版以《我的丈夫溥仪》为书名，在 1997 年 5 月由日本学生社出版（林国本译）。20 世纪 90 年代前期由李淑贤女士亲自主持对该书加以增补修订，至 1996 年 9 月定稿，文字量增加到 28 万字，书名定为《我的丈夫溥仪》，1999 年 1 月由东方出版社列入"溥仪书系"出版。李淑贤在该书前言中说：

> 溥仪与我共同生活了 5 年半时间，如果从相识那一天算起，就将近 6 年整了。因此，又有许多朋友寄希望于我，他们说我是溥仪晚年生活中"亲密无间的伴侣"，对溥仪的思想、感情和生活有"别人不能相比的了解"，希望我以切身感受写一部关于溥仪与我共同生活的回忆录。当然，对这件事我责无旁贷。
>
> 我的回忆工作是在半年多时间里，断断续续完成的。每当回忆的时候，我就好像又置身于十几年前的生活中，我的亲人又栩栩如生地站到我面前，我们共同沿着历史轨迹，由此一时到彼一时，从这一地到那一地。我不知道笑过多少次了，那是因为又生活在当年的幸福和甜蜜之中；我也不知道哭过多少回了，那是因为突然又把忆念中得到亲人的喜悦和现实里失去亲人的痛苦联系到一起。我的回忆可能很不全面，但却是完全真实的，都是曾经发生的历史事实。
>
> 现在呈现于读者面前的这部《溥仪与我》，是王庆祥根据我的口述并对照和印证了溥仪遗稿之后整理成书的。初稿完成后，他又来京，和我共同对全书逐字逐段进行了核实。我认为，改定的书稿与我口述的精神和内容都是完全一致的。

李淑贤的回忆录《溥仪与我》经历了一条艰辛的出版之路。长春市政协主席马鸿新，就是最早为之护驾开道的领导干部。王庚申等6位知情政协委员在一篇纪念文章中叙述了如下重要情节：

马鸿新在勇于负责方面是有口皆碑的，有一件承担着风险和责任的事，在马鸿新支持下得以成功。那是在1983年秋末冬初之际，马鸿新担任市政协主席刚刚半年多，因生病正在住院。有一天，市政协分管文史资料工作的副秘书长沙中典和文史办公室主任孟令乙，到医院送交一份近10万言的文史资料，是吉林省社会科学院一位青年史学工作者根据李淑贤口述而整理的，反映曾作为伪满洲国傀儡皇帝的溥仪，获得特赦后作为共和国公民的新生活。口述者是溥仪的妻子，讲述了溥仪特赦后多方面的情况，很有史料价值。

可是文稿却难以问世，原因是有人针对那位青年史学工作者某些似是而非的情况写了篇文字弄到某大报"内参"上，引起当时领导注意。随后，一些部门纷纷发文件下指示，硬性中止一些出版社、杂志社正在印制、连载的相关书籍和文章，同时成立专门调查组对那位史学工作者进行调查。虽然当时已经不是动辄就兴师问罪的年月，但对于"出版禁令"迟迟不予解除，当事人无疑处于被"封杀"状态，有哪家出版社、杂志社、编辑部敢于招惹麻烦呢？

当时，那位青年史学工作者，也是抱着试试看的想法，带着文稿找到市政协《长春文史资料》编辑部的。接待他的孟令乙认为是一部能生动反映党的统战政策和改造政策的好书稿，就问为什么不能出版？经说明情况把稿件留下了，并立刻将情况向沙中典副秘书长做了汇报，他们都认为是一部好书稿，有必要抓紧请示，乃立即送到马鸿新主席手上，请他定夺。

马鸿新带病阅读，很快看完全稿，对于这部书的撰稿人存有争议、为其出书会带来风险的情况都做了认真思考后决定：只要李淑贤女士不嫌弃《长春文史资料》是个发行范围很有限的内部期刊，我们可以发一专辑。就这样，这部题为《溥仪与我》的文史资料专辑，没有报请市委或省领导机关审阅，也没打算让任何领导人共同承担后果责任，为了让这部书稿早日问世，马鸿新承担了全部责任，以最快速度于1984年2月4日付印出版。这使《长春文史资料》名声大振，更使封冻着那位青年史学工作者的坚冰被打破，在海内外引起巨大反响！继由吉林人民出版社公开出版，发行60万册，对推动溥仪和伪满帝宫课题研究，也起了有力的促进作用。

长春市政协原副秘书长沙中典更是长春市政协主席马鸿新审定《溥仪与我》文稿的当事人和知情人，他也撰写了《马主席审定〈溥仪与我〉》一文，讲述他的亲身经历：

马鸿新同志是1983年市委选派到市政协工作的，在市政协第六届委员会第一次会议上当选为市政协主席。

1981年孟令乙同志从民盟调来市政协文史资料委员会办公室工作，他是新中国成立前参加工作的老同志，"文革"前为《辽宁日报》副刊编辑，阅历深，经验丰富，来到市政协具体筹备长春文史资料的征集和出版，1982年《长春文史资料》创刊，当时我任市政协副秘书长兼文史资料委员会副主任，全程参与了《长春文史资料》出刊前的筹备工作和出刊后的稿件审定工作。

1983年末，省社会科学院王庆祥送来一部《溥仪与我》的稿件，长达10万字，是溥仪最后一位夫人李淑贤回忆溥仪的文稿，由王庆祥整理成文。经孟令乙阅后认为很好，可用。继而送我审，并向我说明了谣传该稿件"署名问题有争议"，有一大报"内参"曾将情况反映到上边，并有一位领导作了

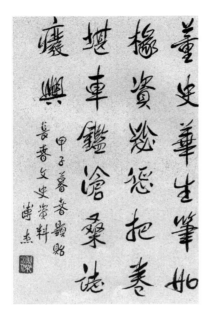

1984年溥杰先生为《长春文史资料》题诗

批示，要求在思想战线上注意纠正不良风气、慎重处理这类问题等，因此当时有的出版社想用又不敢用这部稿件，甚怕违犯有关领导部门的出版禁令。我看过稿件后也觉得资料珍贵，文字顺畅，是很好的一部稿件，正是我们征集史料的重点范围，不用可惜。经与孟令乙同志商量后拿不定主意，觉得慎重为好。

当时马主席身体欠佳正在住院，我与孟令乙同志一起将稿件送到医院，说明情况后将稿件留在马主席那里，约定两天后取稿。他带病看过稿子后，认为内容没问题，很真实，又在我们征稿的主要范围内，可用。此稿在1984年第6辑《长春文史资料》发表后反映很好。此后，有关溥仪和伪满皇宫的稿件不断征集来，先后出版了《末代皇后和皇妃》《伪帝宫内幕》《伴驾生涯——随侍溥仪33年纪实》等书和许多有关伪满的"三亲"资料，《长春文史资料》成了研究溥仪和伪皇宫的资料库。

马主席审定发表的这篇《溥仪与我》，对我们教育很大，提高了我们对审定稿件的思想水平。秉笔直书是要真实，"三亲"的内容广泛，要广征博采，只要真实，体现爱国主义思想的稿件都可用，这使我们从"左"的思想束缚下解放了出来，为日后审定稿件壮了胆，有了样板。《长春文史资料》被许多人认可、赞许，与马主席在起步阶段的关怀、支持也是分不开的。《溥仪与我》这篇稿件的发表，在很大程度上决定了《长春文史资料》的兴旺发达，起到了开创局面的作用。1990 年我与孟令乙同志离休后，《长春文史资料》又有了新的成绩与发展，使我十分欣喜，祝愿《长春文史资料》越办越好。

《溥仪与我》问世，就像大坝开闸，洪流奔涌不可阻挡了。溥仪所著《我的前半生》自 1964 年 3 月出版后已经发行了数百万册，且被翻译成几十种语言，在海内外赢得数以千万计的读者。人们既然对溥仪的前半生感兴趣，自然也会愿意了解他的后半生，而王庆祥已经拿到了溥仪被特赦释放后所写日记和各种文稿，就有责任把溥仪真实的后半生客观描述出来，向那些热切盼望着的读者呈现真相。

自 1959 年 12 月 4 日被特赦释放至 1967 年 10 月 17 日病逝，溥仪怎样走过了这几年？他因特赦而获新生后离开抚顺、回到北京，与胞弟溥杰等家族成员团聚的真情实景；他在第一个岗位——北京植物园当上园丁，并在集体生活中掀开新的一页，接受来自世界各地记者的采访，且以"我参加了社会主义建设"一语抒发作为一名中国人的骄傲的时刻；他走进全国政协专员办公室，以文史工作者的身份，为了给后世留下信史撰写回忆录的日日夜夜；他在人生的暮年，走出前半生婚姻悲剧的阴影，得到崭新的"蜜月爱情"；他真正的平民家庭生活，衣、食、住和文化情趣又是否"与凡人殊"；他作为全国政协委员或在京城旧地重游，或往江南览胜，或赴西北观光等畅游祖国山川的难忘经历；他作为普通公民参与基层人民代表选举投票，他关心身边邻居、同事和友人，更关心国家和天下大事等"龙返人间"的举止言行；他从列席全国政协会议到在全国政协大会上发言，再到成为全国政协委员的崭新形象；他在每年国庆之日照例登上天安门观礼台，就连"文革"

年代也没能例外；纪念辛亥革命 50 周年之际他与当年推翻宣统皇帝的第一枪手熊炳坤和驱逐逊帝出宫的鹿钟麟握手言欢令人感叹；他在北京机场与回归祖国的李宗仁握手共话令人唏嘘；他面对各国议员、记者的会见和采访，都能自然、顺畅、发自肺腑之言说的一幕幕情景都历历在目。

然而在"文革"动乱中，他又是怎样从笃信到怀疑，怎样"引火烧身"，并在著作受到批判、"皇娘造反""清宫秘史"揭秘等滚滚浊流中，历尽磨难但却受到毛泽东和周恩来保护的难忘经历；他在身患肾癌的病痛中，从病房走向生命终点前，留下了怎样的绝笔和遗言，又受到了人们怎样的追悼……

溥仪无疑是一位政治人物，是一位影响很大的历史人物，他的后半生反映出中国共产党和政府的改造政策的成功。王庆祥依据李淑贤提供的第一手资料撰写《溥仪的后半生》，就是要写出他这一人生阶段的生活实录和客观评价，让溥仪后半生的传记形象更符合历史的真实。

《溥仪的后半生》由天津人民出版社出版后，1989 年 10 月，李淑贤应《天津日报》编辑之约撰文，题为《我欣慰》，她写道：

> 溥仪去世后，正值"文化大革命"的狂热阶段，我的精神压力很大，当时身体不好，无法上班，有时竟用开水和酱油泡饭，好在我也是苦水里泡大的孩子，过苦日子如同家常便饭。在周总理和其他中央领导的关怀下，我的生活才有了着落。
>
> 丈夫在世时，一部《我的前半生》使他声振海外。尽管这本书的版权问题至今尚未解决，然而，广大读者对溥仪的后半生同样感兴趣和寄予很大希望。人们懂得，溥仪一生真正具有历史意义的是他从皇帝到公民的奇特经历，尤其是在他成为新中国的公民以后。所以不少报刊约我写回忆溥仪的

《溥仪的后半生》吉林省政协文史委1985年7月版（上、下册）、天津人民出版社1988年11月版、东方出版社1999年1月版书影

《梦断紫禁城——溥仪的后半生》（中文繁体字版）封面，台湾慧明文化事业有限公司2002年5月出版

文章，但因我的身体不好，一直未能完成。

　　直到1979年8月，吉林省社会科学院《社会科学战线》杂志社的编辑王庆祥同志找到我，让我与该社合作，系统整理出版溥仪的一些珍贵资料。这是一件很有意义的事，作为与溥仪一起幸福地生活六年的妻子，我有责任这样做。我一口答应下来，拖着有病的身子，让自己的思绪去追回那逝去的岁月……我抚摸着溥仪用过的笔记本，看着同溥仪一起到外地参观的照片和周总理接见我们的照片，许多难忘的往事涌上心头。我或口述，或笔记，逐段逐事回忆出来，并提供了大量的实物和照片。经过彼此几年的合作，《溥仪与我》《溥仪成了公民以后》等书相继问世，直至完成了长达40余万字的《溥仪的后半生》，总算遂了我的一桩心愿。在溥仪去世23周年的时候，这本书终于出版了。作为与溥仪一起度过艰

《溥仪的后半生》封面，人民出版社 2012 年 8 月出版

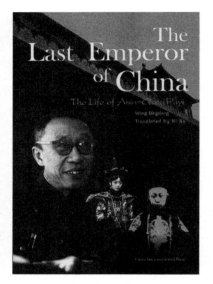

《溥仪的后半生》（英文版）封面，五洲传播出版社 2013 年 3 月出版

难和幸福时光的我，自然感到无比欣慰。

天津人民出版社 1988 年 11 月出版的《溥仪的后半生》，是关于溥仪后半生生平的第一本传记作品，首版发行 10 万册，十分畅销。该书出版后，李淑贤又应广大读者要求撰写了《末代皇帝的最后遗产》一文，发表在《文汇报》（1989 年 12 月 10 日）和《文汇读书周报》（1989 年 12 月 16 日）上，一时间地方报刊和各种文摘报纷纷转载。李淑贤在该文中述说了她保护丈夫遗稿的经历：

……那是 23 年前"文革"初期，"破四旧"的狂潮已席卷了溥仪和我当时居住的地方——东观音胡同内一处长满树木的宁静的院落。一天，有队"红卫兵小将"来敲门，把一张吓人的《通令》硬塞给我们，顶端还有钢笔标记的"致爱新觉罗·溥仪"字样。溥仪看完《通令》真有点蒙头转向，不知进入了何年何月。我还记得《通令》的大致内容，一是"勒令"溥仪立即交出收藏的他与党和国家领导人合拍的照片，因为他是"历史罪人"，不配站在领袖们身边；二是"勒令"交出正在使用的小汽车等"奢侈品"，落款为北京某中学红卫兵。溥仪看见《通令》，立即从镜框中取下他在 1961 年下半年受到毛泽东接见时两人并肩站立的合影，平时溥仪特别珍视这张照片，一直摆在床头几上，溥仪还把自己与其他国家领导人的合影也取下，一起上交全国政协了，后来还发了几张，但毛泽东与溥仪那张最有意义的合影却下落不明了。至于"奢侈品"，溥仪也曾冥思苦想，作为全国政协委员和文史资料专员，他当时还没有资格享受专用小汽车，想来想去总算找到一样"奢侈品"，那就是摆在客厅里的公费电话，溥仪马上通知机关让派人来拆除这部特别为他安装的电话。然而，当时的机关负责人没有接受溥仪的要求，对他说："这事儿您就甭管了！请相信我们能处理好。"机关的同志所以这样讲，显然是因为这部电话不仅出于照顾，更重要的是还有特殊需要。

这件事并没有就此过去，溥仪又提出了烧书的问题，我家当时从政协机关借了几只书架，有的摆在客厅，有的就放在卧室，全部摆满了书，大部分是溥仪特赦后陆续购置的，也有一些是机关发的，别人送的。溥仪说，文化革命嘛，这些书都不用留了。说着，他竟动手一本本地撕开来，然后和我一起一筐一筐抬到我家房后小院内，就在这个僻静的小角落点火焚烧起来。书籍烧得差不多了，溥仪又让我帮他把一大筐书法作品也拎出来烧掉。那几年常有国内外的朋友向他索字，他是个很好说话的人，差不多有求必应，而且总是认真给人家写，如有哪个字稍不满意就废弃不用，随手丢在一个竹藤编制的箩筐里。平时没事的时候他自己也喜欢练字，常常一连写出好多大大小小的条幅来，等墨迹一干便统统丢进箩筐去了，天长日久，挺大的一只箩筐竟装满了一卷卷溥仪的书法作品，结果都在那个令人痛惜的日子里化为灰烬。

事情没有就此结束。更让人揪心的是溥仪又要烧他的笔记本、日记本、诗文册一类东西了。也许当时在他看来，用火一烧这就算"革命"了吧？或者是因为他太担心了，他无法预料会有什么事情即将发生，一烧似可安然。太可惜了！

文 汇 报

1989年12月10日 星期日 ·3·

末代皇帝的最后遗产

李淑贤

《溥仪的后半生》这本书，风风雨雨历经了10年波折，终于在不久前由天津人民出版社出版了。该出版社的几任社长、几任责任编辑为编发此书付出了辛勤劳动。当编辑同志把崭新的样书送到我手上时，我很激动，因为终于可以告慰我爱的丈夫，使他安心于九泉了。

重读这本书，记忆又把我带回到难忘的岁月里。那是23年前"文革"初期，"破四旧"的狂潮已席卷了溥仪和我当时居住的地方——东观音胡同内一处长满树木的宁静的院落，一天，有队"红卫兵小将"来敲门，把一张吓人的《通令》硬塞给我们，顶端还有钢笔标记的"敬爱新觉罗·溥仪"字样。溥仪看完《通令》真有点儿晕头转向，不知进入了何年何月。我还记得《通令》的大致内容：一是"勒令"溥仪立即交出收藏的他与党和国家领导人合拍的照片，因为他是"历史罪人"，不配站在领袖们身边；二是"勒令"交出正在使用的小汽车等"奢侈品"。落款为北京某中学红卫兵。溥仪看完《通令》，

立即从镜框中取下他在1961年下半年受到毛泽东接见时两人并肩站立的合影，平时溥仪特别珍视这张照片，一直摆在床头上。溥仪还把自己与其他国家领导人的合影也取下，一起上交全国政协了。后来发还了几张，但毛泽东与溥仪那张最珍贵的合影却下落不明了。至于"奢侈品"，溥仪也曾冥思苦想，作为全国政协委员及文史资料专员，他当时还没有资格享受专用小汽车，想来想去总算找到一样"奢侈品"，那就是摆在客厅里的公费电话，溥仪马上通知机关派人来拆除这部特别为他安装的电话。然而，当时的机关负责人没有接受溥仪的要求，对他说，"这事儿您就甭管了！请相信我们能处理好。"机关的同志所以要这样讲，显然是因为这部电话不仅出于照顾，更重要的是还有特殊需要。

这件事并没有就此过去，溥仪又提出了烧书的问题。我家当时从政协机关借了几只书架，有的摆在客厅，有的就放在卧室，全部摆满了书，大部分是溥仪特赦后陆续购置的，也有一些是机关送的，别人送

的。溥仪说，文化革命嘛，这些书都不用留了。说着，他竟动手一本本地撕开来，然后和我一起一筐筐拎到我家房后小角落，就在这个偏僻的小角落点火焚烧起来。书籍倒是差不多，溥仪又让我帮他把一大筐书法作品也拎出来烧掉。那几年常有国内外的朋友向他索字，他是个很好说话的人，差不多有求必应，你要有哪个字稍不满意就废弃不用，随手丢在一个竹藤编制的箩筐里。平时没事的时候他自己也喜欢练字，常常一连写出好多大大小小的条幅来，等墨迹一干便统统丢进箩筐去了。天长日久，挺大的一只箩筐竟装满了一卷卷溥仪的书法作品，结果都在那个令人痛惜的日子里化为灰烬。

事情没有就此结束。更让人揪心的是溥仪又要烧他的笔记本、日记本、诗文册一类东西了。也许当时在他看来，用火一烧这就算"革命"了吧？或者是因为他太担心了，他无法预料会有什么事情即将发生，一烧似可安然。太可惜了！他仍是一页一页地撕下，让我一页一页地放进火堆！先烧

《文汇报》1989年12月10日刊出李淑贤《末代皇帝的最后遗产》一文（1）

掉了诗文稿本，当溥仪继续延烧那些日记和笔记的时候，我再也看不下去了！日记里记的不正是我们共同度过的美好时光么，我怎么能忘记那些愉快的周末，怎么能忘记那些花好月圆的良宵，又怎么能忘记发生在客厅、卧室和这座长满树木的院落内那些温馨的往事呢，我忽然想出一个对付丈夫的办法，我说："老溥啊，我听着好象有人叫大门，我在这儿烧，你去看看吧！"溥仪是个特认真的人，加上当时有几分紧张，悄悄走向大门，后来他告诉我，先在里边听听没有动静，又开门不见人，遂出去到街口观望一阵。我所需要的就是这一段时间，使我从火堆前抢救出十几本日记和笔记。当时我这样做并非已经认识到这些溥仪亲笔资料的价值，只是想留作纪念物，留下美好的记忆。那天溥仪望门回来还埋怨我"活见鬼"，可我心里真高兴呀！现在看来，我是做了件大好事。

越过十年浩劫中令人难忍的日日夜夜，我终于把那批溥仪亲笔日记保存到"四人帮"覆灭的一天。1979年秋，吉林省社会科学院青年科研人员王庆祥同志来京找我，要求与我合作共同整理溥仪那批手稿资料，我同意了。谁知此后也经历了一场又一场的风雨，后来追名逐利的人到处钻营，节外生枝地搞了许多名堂，这些事我不愿再提。总之，我能把丈夫的部份日记、笔记、会议记录、学习体会、思想总结和发言草稿、书信、照片以及接待外宾的谈话记录等亲笔资料保存至今，绝非易事，这批资料是中国末代皇帝的最后遗产，也是中国两千年封建专制制度的代表最后被历史埋葬的实证，它们的历史价值是不言而喻的。

《溥仪的后半生》是王庆祥根据我提供的上述资料编著的。他是一位勤奋的历史学者，十年来他在这一领域出版了多部著作。在他的笔下，溥仪又以原来模样活过来了。

《文汇报》1989年12月10日刊出李淑贤《末代皇帝的最后遗产》一文（2）

他仍是一页一页地撕下来，让我一页一页地放进火堆！先烧掉了诗文稿本，当溥仪继续烧那些日记和笔记的时候，我再也看不下去了！日记里记的不正是我们共同度过的美好时光么？我怎么能忘记那些愉快的周末，怎么能忘记那些花好月圆的良宵，又怎么能忘记发生在客厅、卧室和这座长满树木的院落内那些温馨的往事呢？我忽然想出一个对付丈夫的办法，我说："老溥啊，我听着好像有人叫大门，我在这儿烧，你去看看吧！"溥仪是个特认真的人，加上当时有几分紧张，悄悄走向大门。后来他告诉我，先在里边听听没有动静，又开门不见人，遂出去到街口观望一阵。我所需要的就是这一段时间，使我从火堆前抢救出十几本日记和笔记。当时我这样做并非已经认识到这些溥仪亲笔资料的价值，只是想留作纪念物，留下美好的记忆。那天溥仪望门回来还埋怨我"活见鬼"，可我心里真高兴啊！现在看来，我是做了一件大好事。

越过十年浩劫中令人难忍的日日夜夜，我终于把那批溥仪亲笔日记保存到"四人帮"覆灭的一天……

正是这些日记、笔记、会议记录、学习体会、思想总结、发言草稿、书信、照片以及接待外宾的谈话记录等中国末代皇帝的最后遗产，为《溥仪的后半生》成书奠定了基础，而令"重塑一个真实的溥仪"成为可能。

"溥仪热"就此已经形成。如果说20世纪60年代和70年代在社会上发挥着影响的还主要就是《我的前半生》一本书，到1979年9月王庆祥在李淑贤家里发现大量溥仪手稿，随即与她建立合作关系，再到1983年12月，由王庆祥执笔已经编写出《溥仪与我》《溥仪的后半生》和《溥仪手稿选编》3部书稿，后来得到长春市政协领导的支持，首先在《长春文史资料》上刊登，随即从"内部"走向"公开"，并迅速引起轰动性连锁反应，上百万册的发行量以及各地报刊争先恐后连载、选载，一股强劲的"溥仪热"很快就在中国大地上升腾起来。

紧接着，《爱新觉罗·溥仪画传》由上海人民出版社在1990年出版。王庆祥在溥仪夫人李淑贤家中整理溥仪遗稿时，偶然发现一本很普通的影集。装潢并不华贵的淡黄色硬皮相册，却是由溥仪亲手装贴，就是它开启了王庆祥的心扉，使他产生了编著一本溥仪生平照片集的愿望。李淑贤积极支持，通力合作，遂把一批保存多年的原版照片提供出来让王庆祥选用。后来又在档案、文物、图书部门，以及与溥仪生平有关的亲朋旧故帮助下，逐步搜集了数以百计的溥仪历史活动照片，实现夙愿的条件渐趋成熟。接着就是一帧一帧地筛选图片，一段一段地修订文字。终以10年时间搜集了最完整的溥仪生平照片，图文并茂地叙述溥仪真实的一生，以反映他的坎坷经历和思想转变过程，并就溥仪生平的分期、性质、特点等进行了深入的研究和分析，借以向人们展示中国纷繁复杂的时代特征。向海内外读者奉献这本摄取历史真迹的画册，是李淑贤和王庆祥的共同心愿。香港《大公报》《人民中国（日文版）》《书讯报》等媒体纷纷发表书评。一位海外读者写道："画传由溥仪夫人李淑贤与溥仪研究专家王庆祥合作编成。全书共收照片 800 余幅，是从 2000 多帧照片中选出的，其中不乏初次发表的珍贵图片。画传搜集了溥仪从皇帝到公民一生的重要史料图片，有较高的史料价值。"

　　1996 年，《爱新觉罗·溥仪日记》由天津人民出版社出版。该书集中了爱新觉罗·溥仪现存一生的日记，包括溥仪在北京紫禁城内当"关门皇帝"时期的日记、在天津张园和静园当"寓公"时期的日记、在抚顺战犯管理所改造时期的日记，特别是溥仪获得特赦被释放后作为中华人民共和国公民写于 1959 年至 1967 年期间的日记，这一时段的日记内容极为丰富，真实记录了这位末代皇帝在北京植物园、在全国政协、在"文革"和患病中的工作与生活状况等，记录了他参与的政治活动、社会活动和外事活动，记录了毛泽东、周恩来以及中央统战部和全国政协领导对他的关怀，尤其是特别详尽记载了周总理所做的大量工作，令人信服地

《爱新觉罗·溥仪画传》封面，上海人民出版社 1990 年 8 月出版

《爱新觉罗·溥仪日记》封面，
天津人民出版社 1996 年 6 月出版

《溥仪日记》（增补版，上、
下册）封面，天津人民出版社
2009 年 1 月出版

表现了他在这一时期的思想、道德和人品风貌。除伪满时期日记已经焚毁外，其余各历史时期的溥仪日记均有存世，真实、充分、生动、可靠地留下了他的生平轨迹和人生转变。正像著名学者邴正所说："出版《溥仪日记》，就是出版这一'世界奇迹'的真实记录，是由溥仪自己记录一生的珍贵文献，足可让我们看出他的内心独白和隐秘。"

《溥仪日记》从初版到增补再版，作为溥仪唯一亲笔作品，它的价值和影响已经得到充分的展现。这本书得以问世，谁的贡献最大？无疑当属溥仪遗孀李淑贤女士。正是因为她对溥仪日记的抢救与保存，因为她的授权并提供日记原本，才让王庆祥有机会依据日记原稿真迹整理、注释并付诸出版。

《我的丈夫溥仪》《溥仪的后半生》《爱新觉罗·溥仪画传》和《爱新觉罗·溥仪日记》，是李淑贤在丈夫身后传布溥仪公民人生的几部最重要的文字著作成果，也是她对国家和社会的可贵贡献。

三、李淑贤与拍摄中的电影《火龙》

这股"溥仪热"的大潮又很快从印刷品转向银幕、荧屏和舞台，作为艺术形象的溥仪越来越多地被人们所接受。当此之际，国内外来寻找《我的前半生》著作权所有人、要求授权的著名制片人、著名导演各路英豪粉墨登场了。

香港著名导演李翰祥也看到了《长春文史资料》专辑中的《溥仪与我》，他刚刚拍完《火烧圆明园》和《垂帘听政》两部电影，就拿着那本长春市政协出版的16开大红皮书，亲往北京团结湖住宅区找到李淑贤，也找到了正在北京西郊中央档案馆查阅档案的王庆祥，要求转让电影改编权，还邀请王庆祥参与影片的编剧。他亲为这部影片定名为《火龙》，并谈到导拍《火龙》的原因："这个从皇帝到公民的人，亲身经历了封建帝制、倒帝、复辟、民国、伪满洲国、内战，直到社会主义各个不同历史阶段。他从'皇帝'变成了'子民'，从'神'变成了'人'。神的溥仪到人的溥仪，他的意识形态、思想认识、生活习惯到底有了什么变化和不同？溥仪写过《我的前半生》，他的夫人李淑贤写过《溥仪与我》，实即溥仪的后半生。这样一个人在历史的巨变中，前半生和后半生有了哪些变化？这是一个多么有意思、有趣味的题材！他会给人们很多历史的回顾和历史的思考。作为溥仪，他是全世界唯一的特殊的'仅此一家'的皇帝。"李翰祥要拍的溥仪，是一条在历史的烈火中燃烧的龙，也是一个有血有肉活生生的有着人情味的人。潘虹饰演李淑贤，梁家辉饰演溥仪，很快就摄制完成并在国内外公映了。紧接着，意大利名导贝尔托鲁奇拍摄的电影《末代皇帝》，一连夺下9项奥斯卡大奖，风靡了世界；国内拍摄的

28 集电视连续剧《末代皇帝》在中央电视台播出后也几乎家喻户晓，而从北京到长春的"末代皇帝旅游专线"也随即开通，为国家赢得了大量的外汇收入……

当年李翰祥是怀着拍摄《火龙》的梦想，通过时任国家文化部部长的周巍峙和著名歌唱家王昆之子周七月联系上李淑贤的，希望到她家里拜访。1984 年 4 月的一天，李淑贤给我打电话，说香港著名导演李翰祥要在这个周日下午过来，希望我们夫妇也来帮帮忙，听一听，也一起聊聊。

那一天的午饭后，我们夫妇如约赶到李淑贤在北京朝阳区团结湖北一条 7 号楼 201 室的家。谈起李翰祥到家中拜访的目的，才得知是想把溥仪的后半生拍成电影。据李淑贤讲，周七月已被李翰祥聘为副导演，对此事很上心，拍摄工作会比较顺利。我们夫妇对电影的事情不太了解，恐怕给朋友帮不上什么忙，李淑贤赶忙解释说，没关系呀，让你们夫妇来就是听一听，帮忙参谋参谋嘛。

下午 3 时许，室外响起敲门声，李淑贤打开房门后走进两名男士。已经来过几次的周七月赶忙介绍道："李阿姨，这位就是大名鼎鼎的李翰祥导演。"彼此握手寒暄。李导演身材高大、脸庞方黑，透出一种沧桑和成熟。他与人接触十分热情，讲话风趣、幽默，没有一点儿架子。当听说我们就是溥仪夫妇的媒人后，李导演说："你们夫妇做成一桩很有意义的事情，也成为历史名人了。"因同为李姓，他就以此为由，亲切称呼李淑贤为"李大姐"。李翰祥风趣健谈的处事风格，很快就拉近了彼此的情感距离，大家相谈甚欢。

李淑贤最关心的是电影《火龙》放映、发行后的权益保护，鉴于我国尚未加入世界版权公约的实际情况，李翰祥当即提出建议：《火龙》放映之前就可以在香港登记注册，连同溥仪的著作《我的前半生》以及你们的著作《溥仪后半生》和《溥仪与我》等，这样做有利于保护双方的权益。李翰祥还承诺，在双方签订合作协议后，一切在香港的登记注册事项，由他全权负责。

那天谈得很愉快，不知不觉天色已晚，李翰祥提议请大家到饭店吃饭，但李淑贤已有准备，一定要留李翰祥在家里吃，并提议说老刘的炒菜技艺不错，大家不妨就吃过晚饭再走。老刘下厨做了四五道菜，我还陪李导喝了一点儿红酒。看得出，李翰祥是酒量不错且十分豪爽的人，席间不时谈到他的《火龙》构想，大有能够拍摄一部不朽之作的宏大计划，李淑贤脸上也洋溢着灿烂的笑容。然而她当时对此尚未做出明确承诺，因为正在撰写的《溥仪后半生》以及已经出版的李淑贤回忆录《溥仪与我》都是她与王庆祥的合作著作，应该由两人商量决定。

送别李翰祥，我们夫妇又坐了一会儿，李淑贤急不可耐地向我们征询意见。大家一致认为，李翰祥是著名导演，人又爽快随和，应该是一个很好的合作伙伴。我们建议要抓紧推进各项准备工作。因为撰写反映溥仪后半生的书是两个人合作，此时王庆祥正在北京查阅档案，李淑贤随即请他也过来一趟，他表示完全赞成。此后李淑贤与李翰祥频繁通话联络。同年 5 月，李导演又让周七月到李淑贤家来过几次，目的是了解李淑贤与溥仪婚姻家庭生活细节，为拍电影做准备。老刘作为李淑贤的助手和联络员，往返于"二李"之间，传递信息、递送材料，合作进展十分迅速。

一两天后，李翰祥又派人把李淑贤接到香港新昆仑影业有限公司驻北京办事处，当着周七月的面对她说起"在港登记注册的承诺"："现在香港、台湾到处都在出版溥仪的书，谁想出就出，也不给作者家属付稿费，我可以帮助你把溥仪的著作和你们的著作都在香港进行国际登记，以后任何国家、任何人都不能随便出版溥仪的书了，谁再出，都得你同意，还得支付版权费。"听完这番话，李淑贤说她"并不全懂"，遂问周七月："如果拿到香港登记，对国家有没有不利的地方？"周七月回答说："不但对国家没有损害，还有好处哩！登记以后谁再出溥仪的书，也要向国家支付版税，能增加外汇收入嘛！"李淑贤就此同意委托李翰祥办理在香港登记事宜。

1984年6月5日，李翰祥派车把李淑贤和王庆祥等人接到西苑饭店内他的工作专用车中，后又移入北京西苑饭店宽敞、明亮和舒适的808房间，商谈签订拍摄电影《火龙》的合同书并举行签字仪式。

商谈的第一席话是李翰祥滔滔不绝地讲述拟拍电影《火龙》的设想。他说，溥仪是中国历史上唯一被火葬的皇帝，是一条"火龙"。李导演说："我的片头就是溥仪火化，熊熊的烈火燃烧着溥仪的身躯，然后就在熊熊的烈火中叠印出'火龙'字幕……"

古往今来，尽管是一个十分普通的人，一旦坐上金銮殿龙椅，就成了天上的"龙"，溥仪也是这样一条"龙"，但他又飞回了人间。这使我们得以真切地看见了"龙"在人间的举止言行、喜怒哀乐、

1984年6月李淑贤、王庆祥、李翰祥、周七月合影

七情六欲，闻到了一股扑鼻而来的甜蜜生活的芳香。熊熊的烈火把一位皇帝改造成公民，把一条"真龙"还原为凡人，这正是《火龙》表现的主题。

商谈顺利达成一致。李淑贤和王庆祥作为原著方，与电影制作方李翰祥及其律师李文杰、万仲祥共同讨论，草签了合同书。该项合同以"李淑贤授权委托书"的形式出现，正式文本至今尚存：

> 兹委托李翰祥先生在海外登记根据爱新觉罗·溥仪著作及其生平事迹资料和本人所著《溥仪与我》《溥仪的后半生》（乙方口述，王庆祥整理）有关内容改编拍摄，发行《火龙》电视影片之版权，登记并监督上述著作之海外出版、再版以及翻译改编各国语言版本，改编戏剧、电影、电视等一切权益，并保护双方合法权益。

协议规定，凡电影《火龙》在海外发行所得利润的 10% 应及时支付给李淑贤。接着，在合同书上规定得更详尽："乙方同意由甲方在香港及全世界其他地方（不包括中国大陆）办理溥仪及乙方之著作出版、再版、翻译成其他各国文字及电影、电视拍摄的版权登记。""双方言明出版上列资料，首期版权费为人民币一万元整……其后之再版发行、改编及翻译成各国文字之发行版权，均由甲方代表乙方全权处理。"李淑贤和李翰祥作为双方协议人签字，王庆祥作为李淑贤一方关联人签字。当时见证签约仪式的还有我们夫妇、1982 年曾陪同李淑贤前往长春而向调查组讨要资料的年轻友人张雪明以及李翰祥的律师李文杰和万仲祥。

随后，李翰祥在北京建国饭店设宴款待当日参加签约仪式的主要来宾。数日后李翰祥又在北京王府井萃华楼宴请大家。参加人员有李翰祥夫人、李翰祥两位女公子、香港电影明星梁家辉（《火龙》中溥仪的扮演者）、张雪明和我们夫妇。作为《火龙》第一编剧的王庆祥和《火龙》中李淑贤扮演者、著名影星潘虹，因公在外地而未能出席，大家恭祝《火龙》早日开机拍摄。

事后有人大肆宣扬说，李淑贤把版权卖给了李翰祥，其实只是委托他在香港进行版权登记，防止海外难以禁遏的盗版侵权。不过，由于种种原因，特别是北京公证处拒绝为李淑贤办理身份公证手续，在香港登记版权并未实现，而她与李翰祥所签合同书也只限于拍摄电影《火龙》，《火龙》拍完，合同书也随之失效。

1984 年 12 月，香港新昆仑影业公司与中国电视剧制作中心在西单鸿宾楼举行招待会，会后即在北京西城区东观音寺 22 号溥仪和李淑贤共同居住的地方开机拍摄了。那天，王庆祥和李淑贤一起来到现场观看《火龙》实拍。李翰祥导演注重实景拍摄，他执导《火烧圆明园》和《垂帘听政》就是在紫禁城和避暑山庄实景拍摄的。而今执导《火龙》，也先后在溥仪生活过的故居、工作过的全国政协以及治疗休养过的协和医院等处实景拍摄。

在搭着大棚、到处堆放着拍摄用具和照明灯线的溥仪故居内，可以看到这样一个场面：剧中的李淑贤正站在客厅门边的小茶几旁生气，而她面前的溥仪就像一个已经懂事的孩子办了错事，十分懊悔而盼望得到谅解，显出一副手足无措的样子。原来，溥仪和李淑贤结婚后，总想帮妻子做些家务。有一次李淑贤正在熨衣服，嘱溥仪到厨房去端炉子上的清蒸鱼，这位老先生满心欢喜地揭开锅盖下手就端，却连盘带鱼摔在地上了，自己也因受惊滑倒。李淑贤来不及拿开熨斗赶忙过来搀扶他，结果把衣服也烤焦了，由此才引出上述的场面。

潘虹和梁家辉以自己纯熟的演技与特有的风格，在摄影机前认真地塑造着《火龙》主人公的艺术形象——突然李淑贤猛一转头，冲着怯懦而尴尬的溥仪气极地说："从来就没见过像你这样笨的人，我和你离婚！"说着，几步走到北墙沙发跟前，把身系的围裙解下，向茶几上狠狠一摔，一屁股坐在沙发上。这时，溥仪正从他站立的地方怯懦地一步步移近妻子，请求原谅。"我和你离婚！"李淑贤毫不客气地重复着。溥仪感到真没有希望了，便转身垂头丧气地走向厨房……

"停！"习惯于在摄影棚内戴太阳帽和宽边眼镜的李翰祥导演扬手示意了一下，他脸上露出满意的微笑。

这时候，李淑贤和我们夫妇，还有本片第一编剧王庆祥正在客厅西边的小屋内观看实拍。下面几段对话便是当时留下的：

> 李淑贤："还真挺像呢！"
> 王庆祥："不但外貌像，人物动作也逼真！"
> 李淑贤："再往下拍，溥仪就要上厨房拿菜刀抹脖子了。"
> 王庆祥："他当时也把你吓了一大跳吧？"
> 李淑贤："可不！我赶紧追到厨房，向他解释，说刚才是闹着玩的，千万别当真……"
> 王庆祥："溥仪也笑嘻嘻地告诉你，他也是闹着玩儿的——真有趣！"

当时我就想，从拍戏到历史，从角色到人物，这是多么值得记述的美好篇章！

李淑贤回忆说："记得有一次，在协和医院实景拍摄 1965 年我在这里住院时溥仪来看望我、在病房里照顾我的镜头，我觉得溥仪好像还活着，就坐在我身边，激动得难以自持，眼泪顺着脸颊流淌下来。"

以后几个月里，我们夫妇有幸参与李导演拍摄电影的部分过程，亲身感受他与李淑贤、编剧王庆祥、主要演员梁家辉和潘虹亲密合作的经历，李导演工作中那股忘我和拼搏劲儿至今历历在目，令人感佩。其间李导演经常宴请李淑贤和我们夫妇，有时还在家中款待客人。李翰祥夫人亲自下厨，做了一道令大家赞不绝

电影《火龙》剧照：溥仪夫妇去上班

电影《火龙》剧照：潘虹饰演李淑贤

电影《火龙》剧照：溥仪在"文革"年代的一个镜头

口的腐乳烧肉，味道好极了！他住在北京朝阳区水礁子东里 12 楼 5 单元，是两个三居室，陈设讲究，古典家具、瓷器、字画，把房间装点得古色古香，透出一股典型的中国文人情趣和气息。每次见到李淑贤和我们夫妇，李导演都会畅谈他对电影和文化事业的理想。他还带着李淑贤、王庆祥和我们夫妇参观工作室——曾经设在西苑饭店停车场内的一部房车。房车内设有工作间、客厅、休息室、餐厅和卫生间等，可以想象他在平日工作中一定是个很讲效率的人。

在影片《火龙》拍摄之余，李导演还会利用聚餐宴客等轻松愉快的机会，邀请梁家辉、潘虹等主要演职人员作陪，近距离感受电影人物的性格特征，为《火龙》这部电影的人物再现奠定基础，真可谓用心良苦。正如李淑贤所说："梁家辉和潘虹主演的《火龙》，人物表现真实、自然，就像是溥仪和我那段生活经历的再现。"我们夫妇几次陪同她观看《火龙》，都能感受到泪水久久充盈在她眼眶中的激动。

在此期间，王庆祥也依据合同书规定，向李翰祥提供了《火龙》电影剧本的初稿。为了再现那一幕"火龙"升天的画面，李淑贤也和王庆祥一起，向李导演重述了当天悲痛而真实的情景。

1967 年国庆节前夕，北京宝禅寺东观音胡同 22 号长形的院落里，被秋风卷落的树叶轻轻飘下，无声无响，卧室微弱的灯光下，溥仪半倚在缎被前，他拉住妻子的手，让她坐在身边，眼眶内滚动着泪珠。李淑贤心疼地掏出手绢为丈夫轻轻擦拭，两人长时间无言相对。溥仪就是这时给妻子立下遗嘱说，他这一世，当过皇帝，也当了公民，归宿还好。只是觉得工作做得少，对不起把他改造成公民的共产党，又在动乱中把妻子一人丢下而不免担心。

1967 年 10 月 5 日清晨 5 时，突然病重的溥仪被亲属护送到北京人民医院急诊室。在极左思潮影响下，医院反对收留"封建皇帝"。情况紧急，政协向周总理办公室反映了情况，周总理提笔亲批"特

第三章　传布溥仪的公民人生

131

殊照顾"4字，溥仪这才住进内科病房。就在这生命的最后几天里，溥仪仍以颤抖的手，费力地握住那难以控制的三寸笔杆，留下了最后的字迹。他曾经是历史上的末代皇帝，曾经是一个罪恶深重的人。可是，10年改造之后他已成为普通公民，他热爱生活，关心祖国，追求幸福……他确实去世得太早了。

10月8日，原国民党中将、全国政协委员宋希濂和杨伯涛曾到医院看望溥仪，那时他已是靠输氧和注射葡萄糖维持生命的人了。沈醉先生也曾"偷偷摸摸"地来到溥仪病房，因为他就是《红岩》中杀人不眨眼的特务头子严醉的原型，岂敢在"史无前例"的时代，大大方方地去看望一个"封建皇帝"？

1967年10月12日溥仪临终绝笔

10月12日，溥仪留下模糊难辨的绝笔日记，再也无力握笔。

10月15日，著名中医蒲辅周最后一次给溥仪诊脉，开下最后一张药方，面现悲戚之色走出病房，他告诉李淑贤说："人是不行了！也许还能拖几天……"

李淑贤绝不相信丈夫很快就要离开。6年来，他和自己朝夕与共，如胶似漆，恩恩爱爱，难道就这样撒手而去吗？这怎么会！当天，她把蒲老开的中药熬了一服给丈夫服下去。第二天，她又熬了第二服，丈夫也吃了下去。还有最后一服了，这最后一服药，却没有派上用场……

10月16日晚10时，溥仪的眼睛亮了，又开口说话，头脑清醒。前来探望他的范汉杰和李以劻已在床边静静守候了一个多钟头。老范看着溥仪的脸问道："老溥！你还认识我吗？"

"你是范汉老。"溥仪吐字清楚。李以劻又插嘴说："我们来看你，还要赶末班车回去，你好好养病吧！"

溥仪急忙摆手，并对李以劻说："你先别走，等我二弟来。"

停了一会儿，溥仪几乎是喊着说："快！赶快找孟大夫，孟大夫不来你不要走！"孟大夫是北京人民医院泌尿科的主治大夫，始终负责溥仪的诊断治疗。范老和李老注意到，溥仪的脸上呈现出痛苦的表情，他以一种虽然微弱却很清晰的声音继续说道："我还不应该死呀！我还要给国家做事呀！你们救救我，赶快找孟大夫！"

李以劻立刻去找来孟大夫，只见溥仪一把攥住孟大夫的手，不住地说："救救我！我要给国家做事，救救我！我要给国家做事呀！"

"你不要害怕！病慢慢就会好，还有机会给国家做事。"孟大夫这么一说，溥仪脸上掠过一丝笑容，又静静睡去了。孟大夫说："溥仪先生过不去今天晚上了，方才他很清醒，那是回光返照。"

这个晚上，护士照常给溥仪注射了3种药针，他渐渐睡去。悲戚如痴的李淑贤紧挨着丈夫的身体焦急守候。下半夜溥仪突然醒转，望了望妻子说："小妹，我心里憋得慌……"说完声息全无，这是他的最后一语。等医生、护士赶来，溥仪的瞳孔已经扩散，喉咙里还咕噜咕噜响，不肯咽下最后一口气。溥仪先生多想继续活着啊！

在溥仪停止呼吸之前，二弟溥杰闻讯赶到。一两分钟之后，全身浮肿的中国末代皇帝呼出一口长气，就安详地与世长辞了。李淑贤再也按捺不住心头的巨大悲痛，伏在丈夫遗体上放声大哭，时为1967年10月17日凌晨2时30分。溥仪先生永远离开了他留恋并热爱着的20世纪60年代的新世界。

溥仪走了。然而，事隔十几年，他的艺术形象再现于银幕，"火龙"飞回人间。1985年10月15日下午，电影《火龙》在北京举行盛大首映式和招待会。《火龙》这部真实反映溥仪一生，尤其是后半生传奇而曲折经历的影片，获得了广大观众一致好评。李淑贤看过样片说："拍得很好，潘虹演得特像，一幕幕场景使我想起当年的生活。"看来她的夙愿已大部分得以实现。

由于当时连续奔波劳碌,加之版权官司进展不顺,大约在1986年夏秋之际,李淑贤因病住进医院,出院后刘淑云陪她住了10天,照顾她的日常生活。此外刘淑云还担负起李淑贤与李翰祥之间传递消息的"信使"的责任。因"二李"的住宅相距不远,从李淑贤当年居住的团结湖中街到李翰祥的住所兼办公地——水碓子,只有一站多路,也不用坐车,挺方便的。但总让她传递的那些信件究竟是什么内容,刘淑云并不知道,也不太关心。她认为那是人家的事儿,不应该也不需要了解和打听。

《火龙》的成功是与电影艺术家李翰祥的努力分不开的。他不但是拍电影的行家,对溥仪这个历史人物也有比较深刻的理解。影片开拍前,李先生曾向我们说明他对全剧的设想:在这部主要表现溥仪后半生生活的影片中,也要写一点儿"皇后"和"贵人",但重墨落在李淑贤身上。溥仪当皇帝的年代里,即便是傀儡皇帝,给人的感觉依然是派头十足,不可一世。然而,当他由天上的"龙"还原为地上的人以后,我们看到他不过是现实生活中一个极其普通的人。他当了8年老百姓,如同刘姥姥进大观园或贾宝玉初到民间一样,闹过许许多多笑话。影片就是要表现溥仪这条被火葬了的"真龙",在他生命的最后年代里的喜、怒、哀、乐等具有浓郁的人情味的历史。

因电影《火龙》在海内外放映而"达成和解"的还有一个人,她也曾经是溥仪的妻子——李玉琴。李玉琴和李淑贤二人因"火龙"搭桥,由"芥蒂"而"友情"而"共事"的真实故事也值得说说。

1986年3月24日,深圳新园大酒店。会客大厅内的四壁挂满了即将在香港首映的《火龙》一片设计漂亮、印刷精美的海报和剧照,给富丽堂皇的大厅增添了色彩。

上午8时整,中国历史上最后一位"贵人"李玉琴和获特赦释放后的溥仪的新婚妻子李淑贤,由人们簇拥着在大厅内醒目的主位席落座，一起会见中外记者。
这次重要的记者招待会，伴随着
《火龙》的公映，轰动了港澳地
区和全世界许多国家。会后就是
盛大午宴。李导演和太太张翠英，
还有他们的两个女儿：在《火龙》
中饰演婉容皇后的李殿朗小姐和
饰演"福贵人"李玉琴的李殿馨
小姐，都出席了午宴。

剧照：在《火龙》中李殿朗扮
演的婉容

刚刚看过样片的李玉琴认
为，李殿馨小姐对于 20 世纪
四五十年代中国东北的历史背景
还不甚了解，对她当时的心态也
难得有切身的体会，她说："李
小姐本人倒比影片中的扮相更好看些。"李淑贤则对饰演自己的
潘虹以及饰演溥仪的梁家辉赞誉有加，《火龙》勾起了她对往事
时而轻松、时而沉重的回忆。李翰祥率队返港前还特别叮嘱，让
人陪同李玉琴和李淑贤两位女士在深圳和广州玩玩。

3 月 25 日，李玉琴和李淑贤乘车前往沙头角十字街。那时，
东北大地还是遍地银霜，而沙头角却漫山遍野一片青翠。特别是
一路上有很多香蕉树，颇对李玉琴的口味，她说这回可真过了香
蕉瘾。李淑贤本是南国女儿，自有苏杭灵秀，但深圳也是头一次来，
对这里的景物同样感到新鲜。车窗外，在山坡上拉起的一道铁丝
网渐渐进入视野，陪员介绍说，这就是香港和深圳的界网，十字
街已在眼前。

十字街宽约 10 余米，是条规模不大的商业街，集中售卖各种
成衣、化纤衣料和日用品。因为地处边境，半属香港半属深圳，
商品价格低廉，如化纤类衣料能比内地便宜一半，所以这里成了

服装个体户出没的地方。当然，没有边防证就不能通过设在出入口处的边防哨卡。李玉琴和李淑贤逛了几家小商店，选购了自己喜欢的纪念品，又吃了一顿午饭，少憩即往蛇口，进入揽设在一条大船上的游乐场。两位女士兴致勃勃地先后站到一架很大的望远镜前，远方一片高高低低的楼海陡然间被挪到近处，让她们惊奇地"发现"了被称作东方明珠的香港。当时，或许李翰祥导演正在香港举行的《火龙》首映式上大侃这两位影片所描述的历史主角吧！

3月26日，李玉琴和李淑贤来到广州观光。街上的姑娘们穿着各式长裙或鲜艳的花色旗袍，紧裹腿部并一直伸向脚面的针织长裤当年刚刚流行。小伙子们多数穿花衬衫，若在北方就笑死人了。商品可谓琳琅满目，然而两位女士相中了的，大多要收港币或外汇兑换券，所以买不了。那里的消费很高，旅馆、餐馆、理发馆的收费价格，令外地人咋舌。现在看来，那里只是开放较早罢了。

李玉琴和李淑贤一起参观了集饭店、宾馆和百货商场三位一体的花园饭店。这里不失为国内外富翁的小天堂。而对两位女士来说，她们更喜欢的并非饭店的奢华，而是花园的美丽。这里有火红的山茶花，叶子肥大的芭蕉树，还有杜鹃等盛开的鲜花，令人流连忘返。

羊城3日的观光很快过去了，李玉琴想顺路赴上海看望公婆，李淑贤则直飞北京，两人就此一别，结束了这一回愉快的深圳双人游。

李翰祥拍了30多年电影，也是影坛富翁，别说邀请两位女士游一趟深圳，就是上全世界转一圈儿恐怕也算不得什么。然而能让李玉琴和李淑贤这两个人走在一道、坐在一起、吃在一桌、玩在一处，这可实实在在不容易！若不是9个月前王庆祥已在她们两人中间架起一座桥梁，恐怕李翰祥也很难导演这出堪称人间美谈之戏。

作为溥仪生平研究者，王庆祥以自己能够获得溥仪生前曾与之有过最亲密关系的两位女士的信任与合作而感到幸运，同时又为她们二人始终不能摆脱陈年老账的纠缠而深感遗憾。

所谓陈年老账，可以追溯到 1965 年 9 月上旬。李玉琴随同在市广播电台工作的丈夫黄毓庚返沪探亲，回长春时李玉琴抱着 3 岁的儿子特意绕路北京，在一直保持来往的毓嶦（恭亲王溥伟第八子）家中住了几天。她想起与溥仪离婚时曾约言"今后以兄妹、朋友相处"，遂写信寄到全国政协机关，真诚希望能与近在咫尺的溥仪见上一面。结果却如泥牛入海，再无下文了。李玉琴颇为生气地返回长春，在她看来，溥仪的地位变了，把分手时说过的话全忘了，甚至又摆出了"皇帝"的架子，太绝情。一年以后，"浩劫"袭来，遂发生了在协和医院和人民医院病房内李玉琴和李淑贤面对面舌战的难堪场面，这在两人的回忆录中都有记述，无须赘言。只是两位女士由此结怨：李玉琴认为对方不理解自己背负历史包袱的苦楚；李淑贤则认为对方不该在溥仪重病缠身的时刻还来添乱。这说不清、道不明的历史纠葛，把两位女士整整困扰了 20 年。

王庆祥与李玉琴和李淑贤都有接触，算是知情人。因为这个有利条件，他得以密切留意两位女士和解的时机。时机终于来了。

1985 年 6 月，李 玉 琴因公赴京，下榻北京上园饭店。恰好王庆祥也在京，遂向李淑贤建议，希望她能同

1965 年 9 月上旬，李玉琴携 3 岁的儿子赴沪探望公婆留影

意见李玉琴一面。一年前，王庆祥和李淑贤一起跟李翰祥签订了拍摄《火龙》的协议，在这部描写溥仪后半生生涯的影片中，李淑贤和李玉琴的银幕形象将同时出现，亿万观众也将因此而熟悉她们。在这种情况下，两人不该总是别别扭扭的。李淑贤是位识大体、顾全局的开明女士，立刻表示接受，并提出邀请李玉琴聚餐。王庆祥高兴之余立刻通知了李玉琴。

"好吧！我接受邀请。我也应该去看看溥仪被特赦释放后重建的新家庭啦！"李玉琴表示理解并做出决定。6月10日下午，王庆祥和李玉琴按照约定一起来到北京东城，轻轻敲开了团结湖畔一扇米色的房门。李淑贤热情地把客人迎进屋内。

这是一套两居室单元楼房，布置典雅。阳面大屋靠西墙两屉柜上摆放的周恩来接见溥仪夫妇的照片最为显眼。

"感谢盛情邀请，我来打扰您了。"李玉琴说。

李淑贤在团结湖畔温馨的家

那天俩人的话儿很多，气氛融洽。李淑贤提起1965年9月的一件事：当时她正住院做子宫肌瘤切除手术，溥仪天天陪床，等她出院回到家里时，从书桌上的一大堆旧报纸中看到一封尚未拆口的旧信。她拆开一看，正是李玉琴约见溥仪那封信。等溥仪知道时，李玉琴早已离开北京，所以闹成了误会。

　　"若是溥仪看到你的信，就会到毓嶦家里看望你。"李淑贤说。

　　"看来当时我冤枉他了。"误会至此已经消解。李玉琴和李淑贤成了朋友，这是真实而动人的一幕。晚上9点半，李玉琴起身话别。这可是一次颇有历史价值的会面啊！

第四章
她在后皇帝时代

李淑贤晚年在成功挖掘溥仪遗物和文稿历史价值方面居功至伟。她与王庆祥合作回忆撰写了大量著作和文章，名誉和地位随之不断上升，用她自己的话说："作为溥仪的妻子，我不能不无比珍视自己的名誉，这应该是你们能够理解的。我做事向来正大光明，我做事重信誉。"针对社会乃至舆论中流传的有关她与溥仪的各种不实之词，她选择了用战斗与不妥协来应对。

一、为自己申辩

（一）一篇生前"遗稿"

1989 年 12 月 22 日，《人民日报》（海外版）刊出一篇《无端弄笔是何人》的文章。李淑贤读后十分气愤，遂以《缘何无端弄笔？》为题，于 1990 年 2 月撰写驳文，指证《无端弄笔是何人》一文失实，并将自己撰写的文章送到《人民日报》（海外版）编辑部，希望能予发表，以正广大读者视听，但未被刊用，李淑贤抱憾而归。此"遗稿"至今尚存，文中有这样一段文字：

"在大约一年的时间内，他利用业余时间，整理、修补了溥仪所有日记及有关资料。"事实是，某人帮我记录总共只有两三个月时间，后来他提出让我废弃与吉林省社会科学院的约定，由他"包写"，我当即拒绝。他又提出"参加写作"，我仍未答应。在口述资料尚未结束时，我便拒绝他继续帮我记录。其间，他每周来我家一两个晚上，前后总共来了10余次。当时某人阅读溥仪的日记尚有些困难，没写过一条注释。他的"修补"可能是指在溥仪遗稿原件的多处画上标记，在珍贵的历史文物上留下了抹不掉的痕迹，令人遗憾。

（二）爱德华·贝尔的"致歉声明"

1988年，《末代皇帝》导演贝尔托鲁奇的一位助手、美国《新闻周刊》文化版主笔爱德华·贝尔，在跟随贝尔托鲁奇一起前来中国做电影拍摄之前，通过调研和文字准备工作写了一本书《中国末代皇帝》（靳革、黄群飞译，中国建设出版社1989年版）。李淑贤认为，书中部分内容存在严重歪曲事实并带有侮辱性，遂郑重质疑，并之交涉。

据爱德华·贝尔自述，为了写这本"关于溥仪和他的生活以及他所处的那个时代的重要传记"，他曾"在中国访问了6个月，找遍了中国历史上那个多灾多难时期后的幸存者，涉猎了有关溥仪时代的古今中外材料，访问了英、美和联邦德国的中国问题专家"。可是，他却偏偏没有采访就住在北京、最了解晚年溥仪的他的遗孀。然而他的书又回避不了李淑贤，只依据未经核实的传闻写作，结果必然是坊间版的戏说"末代皇帝"。《新民晚报》记者李喜根是最早采访到这件事情的，他发表于1990年8月27日的报道中，就写入了李淑贤针对《中国末代皇帝》一书说过的一段话："该书作者访问了不少知情者，却对与溥仪结婚共同生活了5年的我视而不见，从来没有找过我。这怎么可能如实反映

我和溥仪婚后的共同生活？"

贝尔记述溥仪夫妇的婚后生活说："李淑贤继续做护士，但她发现照顾溥仪简直让人发疯。"他还引述一位正与李淑贤闹官司的"知情者"的话说"溥仪对她（指李淑贤），比她对溥仪更和善"。又说："各方面的材料都说明，她（指李淑贤）似乎十分泼辣，但溥仪平静地忍受了他新的不幸。"

1990年11月29日，上海《解放日报》发表了李淑贤的《一本书引起的话题》，严厉斥责那位"从未谋面的西方记者"靠想象扭曲事实的不负责任的态度,质问他"是仅仅想唤起一种轰动效应呢?还是另有所图？"

其实，李淑贤的不满早为贝尔所知。据《新民晚报》1990年12月3日报道，爱德华·贝尔已于10月20日向李淑贤写信致歉："我的书稿的中文译本深深伤害了你，对此我深感抱歉。1987年，当我写作此书在中国采访时，曾想见到您，结果未能如愿。我承认我确实是以许多人提供的传闻为据写作的，这些人了解获释后的溥仪，他们谈的大同小异。如果这些被证实是不确切的话，我深感遗憾，并将在该书重版时对这部分内容坚决予以更正。"贝尔

《新民晚报》1990年12月3日载《美记者贝尔向李淑贤写信道歉》

表示，如果他下一次来中国，能够亲自与李淑贤交谈，听她介绍当年她与溥仪共同生活的情况，他将不胜荣幸。他将据此重新修改《中国末代皇帝》一书。贝尔还说，当年电影《末代皇帝》的摄制人员曾告诉他，他们也找过李淑贤，但是没有成功，因为李淑贤不愿意再谈论过去。对于此说，李淑贤郑重申明：这些年她虽然身体不好，精力不济，但是每有记者来访，她总是陈述真实情况，并没有向任何人表示过不愿意谈论过去。李淑贤还就其失实之处撰写了《溥仪和我的婚后生活》一文，发表于 1990 年 11 月 29 日的《解放日报》，笔伐爱德华·贝尔，反映了她对历史的认真态度和责任感。李淑贤对沈醉、美国记者爱德华·贝尔等人各种不实或侮辱性言论展开的声讨和反击，充分体现了她不畏强势和不妥协的执着精神。这件事也就此了结。可以看出，李淑贤是不能容忍被随意侵犯名誉的。

二、溥仪的平民妻子

作为溥仪的妻子和遗孀，在溥仪去世后，李淑贤自然成为社会了解末代皇帝的最重要的信息来源，也因此成为公众人物，成为媒体追逐的对象。1982 年 8 月 10 日，李淑贤接受新华社吉林分社记者陈广俊采访时发表谈话，题目为《我丈夫溥仪是日寇屠杀中国人民的历史见证人》，其实这也是她第一次面对社会谈政治问题。她还联系日本文部省当年审订教科书时，将日军"侵略"篡改成"进入"这一事件，表达了自己的愤慨。她说："溥仪作为历史见证人，于病逝前，曾在许多场合以切身经历揭露侵华日军犯下的滔天罪行，介绍众所周知的前日本战犯在改造期间低头认罪向真理投降的情景。我至今仍保存着相关的遗稿、遗物。"在这次访谈中，李淑贤还具体说到溥仪揭露日本军国主义集体屠杀、秘密屠杀中国东北人民、制造平顶山惨案的实况，说到溥仪揭露当年日本培养细菌的 731 部队制造黄色跳蚤诱发鼠疫蔓延，一次就夺去某村 142 条生命的惨状，说到溥仪揭露日本军国主义者在东北实行劳动力统制政策，每年强征劳工 250 万人为日本关东军修建军事设施的史实，等等。李淑贤还以亲身经历说过这样一件生动感人的事例：1963 年 5 月 22 日，溥仪会见日本北海道输出入协同组合、自由民主党北海道议会议员阿部文男时曾提到，有位日本战犯在释放后的归途中，当列车驶过山海关的时候，突然大声痛哭起来，在场的记者向他询问缘由，他伤心地回答说，当年我就在山海关这个地方杀死许多中国人，他们不能活了，不能和家人团聚了。可是，我这个杀人凶手却又得到了和家人团聚的机会，我怎么能对得起在这里死难的那些中国兄弟和他们的家属呢？李淑贤最后对记者说，针对溥仪对日本军国主义罪行的揭露，日本某《周刊》曾以《溥仪前皇帝的憎恨和它的真相》为题发表评论，进行所谓"反驳"，这只能证明溥仪的文章确实击中了军国主义者的要害。文部省在教科书中回避"侵略"字样与此可谓同出一辙。然而，日本侵华的历史是任何人也篡改不了的，中日人民友好的力量是任何逆流也抗拒不了的，衷心希望日本文部省纠正错误作法，顺应历史潮流，为促进中日友好发展做出贡献。

中国新闻社记者郭招金采访溥仪遗孀李淑贤以后，撰文介绍李淑贤与溥仪结婚后和溥仪去世后的家庭生活，在 1983 年 4 月 2 日香港《文汇报》上刊出。李淑贤形容她丈夫是"从最有钱的人变成最穷的人"，而溥仪则认为妻子是"世界上最可爱的女性"。记者写道："读者或许会这样猜想，作为末代皇帝的遗孀，多少会保存一点宫禁旧物作为纪念吧。实际上一点也没有。溥仪幼年虽贵为天子，可以集四海财富为一人之用，但从逊位以后他长时间从事复辟活动，后来接受改造，到被特赦释放时，连身上的衣服都是政府发的。李淑贤女士形容他是'从最有钱的人变成最穷的人'。"记者又说："溥仪虽有过几个女人，但都不是他的妻子，更说不上是他的爱人，他与她们之间是君臣、主奴关系。历史上的皇帝都是摧残女性的，溥仪过去也是如此。在他的生命史上，和李淑贤结婚后才算是第一次真正做丈夫，第一次以平等的地位和一个女性倾心相爱。在他看来，李淑贤是一个世界上最可爱的女性。"

1989 年 12 月 16 日的《天津日报》把李淑贤的《我是一个极普通的女人》作为"新闻人物"栏目内的头题文章发表，让她对天津人民说几句话，以表达她在《溥仪的后半生》出版后深感欣慰的心情，还配发了她在寓所中看书的照片。李淑贤写道：

> 整整 23 年了，我始终没有忘记这一天——1967 年 10 月 17 日，我的丈夫溥仪因患癌症，离我而去。他去世前拉着我的手说，我没有给你留下什么财产，也没有给国家和人民做什么工作。作为与溥仪一起幸福地生活了 6 年的妻子，我抚摸着溥仪用过的笔记本，看着同溥仪一起在外地参观的照片和周总理接见我们的照片，许多难忘的往事涌上心头。我或口述，或笔记，逐段逐事回忆出来，并提供了大量的实物和照片。经过彼此几年的合作，《溥仪与我》《溥仪的后半生》等书相继问世，总算遂了我的一桩心愿。今年，我已经 64 岁了，尽管孑身一人，身体又不好，但我生活得很自在、很充实，心地坦荡，无所顾忌。每天，过得紧紧张张，总觉得时间不够用。一方面要接待来采访者，一方面还要完成一些约稿。我这个末代皇帝的最后一个夫人，在一些人的目光中似乎永远是一个新闻人物，不，我是一个极普通的女人。

《新民晚报》1984 年 10 月 31 日刊出记者陆潜采访李淑贤后撰写的《李淑贤谈溥仪晚年》一文后影响很大。他写道："溥仪在世时，李淑贤把溥仪看作自己的爱人和兄长，溥仪在家则称呼李淑贤叫'小妹'。他们幸福地度过了 4 个月的恋爱生活及 6 年的家庭生活，夫妇之间亲密无间，使溥仪真正享受到了人间家庭的欢乐，以至在溥仪逝世后的一段日子里，李淑贤同志经常风雨无阻，从城区来到远郊的八宝山骨灰堂，寄托对亲人的哀思。"

《新民晚报》1988 年 8 月 19 日刊出驻京记者高汾采访溥仪遗孀李淑贤以后所写《被遗忘的"末代皇后"》一文，读起来很有趣："称呼她为'娘娘'是不合适的，因为她同溥仪结婚时，溥仪已被改造成为一个平民老百姓了。然而人们还是习惯地，有时在背后，有时也在当面戏称她为'娘娘'。她是溥仪的遗孀、后半生的忠诚伴侣，可是电影《末代皇帝》里没有她的镜头，28 集的电视连续剧拍摄时也没找过她，她被遗忘了。然而，李淑贤对'皇上'怀着甜蜜而温馨的感情和美好的回忆，她认为'皇上'确实被改造好了，事业上肯学肯钻，写书、写日记常忙到深夜；生活上成了一个富有温情和生活情趣的人。"

《北京晚报》记者骆玉兰采访退休护士李淑贤后，以《溥仪的平民妻子》为题撰文，1988 年 8 月 30 日刊出。该文以"李淑贤近况"为主题写道："这位年过花甲的老人十分热情，她思维敏捷，精神矍铄，谈起与溥仪共同生活的往事表现出深深的怀念之情。李淑贤虽然是溥仪的第五个妻子，但她却是溥仪变成普通公民后的'平民夫人'。现在她单身一人，过着清闲宁静的生活。她告诉我，她每天的生活大多是听广播、看电视，她非常喜欢看正在播出的电视连续剧《末代皇帝》。她认为演得好，特别是张萌扮演的幼年溥仪，她非常喜欢。"

电影《火龙》《末代皇帝》的上映，在全球范围内掀起一阵清宫剧热潮，溥仪由皇帝到公民的传奇经历为世界史写下精彩的一页，人们把视线投向他的遗孀李淑贤。《采风报》记者沙弓的《溥仪遗孀访问记》载于 1990 年 9 月 12 日。记者在北京团结湖居民小区的一栋普通楼房里，与"面容清瘦、中等身材、衣着大方而得体，看起来不像年已 65 岁的老人"的李淑贤面对面交谈，当问及对丈夫的评价时李淑贤毫不犹豫地回答说："溥仪诚恳热情，会体贴人，而常说的一句话就是'我就是要找一个朴实的人做妻子，你离过十次婚我也不嫌你'"。记者又问李淑贤："电影《末代皇帝》与电视剧《末代皇帝》哪个好？"她回答说："电影符合西方人的欣赏习惯，但很多情节不真实，像大婚那场戏，婉容把溥仪吻得满脸胭脂，这是根本不可能的事情。其实，婉容恐怕连看皇帝一眼都不敢呢。电视剧《末代皇帝》比较真实，特别是扮演老年溥仪的演员朱旭，形象上，尤其是额头上还真像溥仪呢！"

原载于《大众小说》1993 年第 3 期的记者武宝生所写的文章，则把"充满焦虑和不安"的李淑贤"孤零零坐在西直门内家里拭目以待"的形象呈现在公众面前：

> 李淑贤今年已经 67 岁了，两鬓霜白，衣着素雅。她没雇保姆，只她一个人孤零零地生活着。她，脸色清瘦，精神欠佳。患有肾炎、神经性耳聋。近来，常常失眠，头痛。有时一连数日把自己关在屋里，连门都不出。白天看看报纸、杂志，晚上就与电视相伴，无论节目好坏，总要看到"再见"为止。她眼眶湿湿地说："我是一个苦命人，悲剧性人物，从小就是受气包。溥仪去世不久，一位朋友就告诉我，前面 10 年好过，以后的日子就难熬了。现在，真应了那句话！"
>
> 李淑贤平易近人，慈眉善目，热情好客，再三挽留我们在她家吃午饭。当我们问及她今后还有什么写作打算时，她若有所思地说："溥仪留下的精神遗产很多，有许多东西应该整理。可是，我身体不做主，杂事又多，干扰太大。"接着，她告诉我们，意大利一家电视台记者要来采访，一下提了 19 个问题，大都问及她与溥仪之间的爱情生活。
>
> "瞧，这些记者，光对这方面的问题感兴趣！其实，我

和溥仪在一起的生活并不神秘。我和他，爱情倒谈不上，感情还是有的。我和他结婚时，他已经被改造成为一名普通公民，我们都是普普通通的人。"李淑贤与溥仪一起生活的日子，相敬相爱，十分和睦。溥仪也是一位颇富感情的男子，很懂得体贴人。每当李淑贤身体不舒服时，他总是急得坐立不安。一会儿替她盖被子，一会儿又为她量体温，甚至整宿整宿守在妻子身边不合眼。

有一段时间，李淑贤神经衰弱，经常失眠，而溥仪睡觉时又爱打呼噜，李淑贤索性一个人搬到里屋小床上睡去了。不一会儿，溥仪便追了进去，关切地说："我不让你一个人睡小床。"

"为什么？"李淑贤问。

"我不放心，怕你摔到地上。"溥仪说得很认真。

李淑贤告诉他："没事。我和你结婚前不一直一个人睡觉吗？"

"现在不是结婚了吗？有我，就应该保护你。"

溥仪由于生理原因，他们一直没有生育子女。后来，有人劝他们收养一个孩子，但因为种种原因，没能如愿。对此，李淑贤虽然觉得寂寞孤单，但并不懊悔。她对我们讲："溥仪虽然没给我留下什么，没有孩子，也无遗产，但是，他对我是真心地爱。他不是皇帝，他是一位普普通通的人，一位称职的好丈夫，有了这些也就满足了，我不能忘却他。"溥仪虽然没有为李淑贤留下什么物质遗产，但是他却为社会留下了一笔重要的精神遗产。这笔精神遗产之中还有着李淑贤的一大功劳。

还有一位叫张学珍的记者，曾以《苦命"皇后"》为题撰文（原载《三月风》1992年第2期），向公众介绍李淑贤充满辛酸和泪水的身世。她写道："眼前这位老人，就是我要采访的'皇后'，她同北京居民楼中进进出出的退休老太太没有什么两样。她65岁，身高约1.6米，身材适中，穿一件普通的毛外罩，齐耳的短发稍有弯曲，眼睛明亮，给人一种慈祥的感觉。"这位记者详细调查并细述了李淑贤的苦命生平，让我们了解了曾生活在世间的她的亲人和仇人：

> 妈妈很会过日子，除过年吃点肉外，其它时候都食素。李淑贤至今还记得很清楚：妈妈时常背着一个筐，带她和哥哥到郊外去挖野菜，吃不完就晒成干，以备冬天食用。她家的小院里种了很多竹子，竹笋除平常食用外，还要存一部分作过冬食品。
>
> 妈妈有些重男轻女，对哥哥特别好，爸爸则喜欢女孩。
>
> 哥哥即将高中毕业，寒假自己只身到西湖公园游玩，回家后突发高烧，翌日，猝然死去，年仅19岁。这一突发性的事件，无疑是对妈妈致命的一击。
>
> 哥哥一去，妈妈的精神彻底崩溃了，终日疯疯痴痴，喜怒无常，母女俩的生活从此更加艰难。两年后，妈妈病逝，死时还不到40岁。
>
> 忆及此，李淑贤泪眼汪汪，她说："妈妈死时我刚8岁，正在杭州上小学。8岁，正是在妈妈怀里撒娇的时候啊！"
>
> 李淑贤在杭州无依无靠，爸爸便把她接到了上海。
>
> 在上海，有一个女人跟爸爸住在一起。李淑贤猜想他们可能在一起生活了好长时间。在这个陌生的家中，爸爸让她管那个女人叫妈妈，她不叫，心想：妈妈刚死，怎么又来一个妈妈呢？爸爸还是硬让她叫，告诉她：这是为她找的继母。
>
> 继母有个儿子，比李淑贤小一点，两人在一起玩耍时，一旦打架，继母知道后，总是不分青红皂白对淑贤就是一顿

打，有时也让弟弟上手"报仇"，还威胁说：不许告诉你爸爸，若是告诉了，等他一上班，我就打死你。她害怕，挨了打也不敢向爸爸诉说，只有睡觉时暗暗抽泣，有时哭着哭着就睡着了，第二天醒来眼睛又红又肿。有一次，被爸爸发现了，问她是不是挨打了，她点点头。

爸爸因妻子虐待淑贤，经常与其发生口角。吵架过后，爸爸整日生闷气，身体愈来愈差，就在李淑贤14岁的那年，爸爸离开了她。

从此，凶狠的继母更加肆无忌惮。她给李淑贤立下几条家规：第一，每顿饭只能吃一小碗，不准多吃；第二，吃饭只能吃次的，不许吃好的；第三，吃饭不许上桌，自己在厨房吃。正处在成长发育时期的李淑贤，每餐一小碗饭无论如何也吃不饱，实在饿得支持不住了，就趁继母不注意时，偷偷吃点零食。一次，继母炖了一锅红烧肉，放在厨房内，李淑贤见继母向外张望，急忙挟了一块肉放到嘴里。吃完，抬头窥视继母，她吓呆了，只见继母怒目圆睁，手持木头拐杖向她走来，对准她就是一棒，鲜血瞬时顺着她的头顶淌了下来，上衣被鲜血染红了一大片，继母这才又抓了几把香灰把她的伤口堵住。

一个女同学，与李淑贤住一个弄堂，她俩同班，很要好。李淑贤辍学后，两人依然经常往来。同学的父亲有权有势，常有一些人光顾她家，其中有一位胖胖的资本家，是同学父亲的好友，李淑贤找同学玩时碰到过他几次，这个人非常喜欢李淑贤，叫她"小妹妹"，夸她长得漂亮。

有一天，同学的父亲与这个人的谈话被同学听到了，并转告给李淑贤。原来，那人想娶她做姨太太。

同学的母亲也专为此事登门告知继母。继母一听，脸上顿时堆满了笑。

一天，继母和颜悦色地对她说："你看，你爸爸去世了，咱家经济上也不行了，妈妈现在也没有钱，让你跟着受罪……你知道吗，在同学家遇到的那位伯伯看上你了，想娶你。你若是嫁给了他，会享一辈子福，他有的是钱，会给你买洋房、买汽车、买新衣服穿。"一心想借李淑贤发财的继母，对她又是哄又是骗。

时隔不久，继母说带她到一家颇有名气的饭庄吃饭，还特意为她修饰打扮了一番。走进饭庄，李淑贤老远就瞅见同学的爸爸、妈妈及那个称她"小妹妹"的人围坐在那里，她的心一下就提到了嗓子眼。

一桌子人坐定，有说有笑，互相劝酒吃菜，唯独李淑贤望着那一桌丰盛的宴席没有一点食欲。

回到家中，继母乞求一般地说："你就同意了吧！""你打死我也不同意。"继母看软的不行又来硬的："不同意就打死你，不给你饭吃。"讲到这里，李淑贤满脸怒气地对我说：

《采风报》1992 年 6 月 13 日刊载张学珍所撰《苦命"皇后"》（上）

"这个资本家比我爸爸还要大许多岁，我怎能嫁给他呢？"

1949年新中国成立后，李淑贤参加了文化补习。一天，她浏览报纸时无意中发现一则招考护士的简章，她决心试试。不曾想，事遂人愿，她竟榜上有名。功夫不负有心人，经过两年奋斗，她顺利通过各门功课考试。毕业后，经熟人介绍，她先到一家私人诊所工作，后又来到朝阳区关厢医院。这期间，他与第一个丈夫解除了婚约。

第一次婚姻以失败而告终，对李淑贤打击很大，她曾因此一度精神颓唐。有人曾多次为她提亲做媒，都被她婉言谢绝。1962年1月，一个偶然的机会，经文史资料专员周振强和人民出版社编辑沙曾熙的热心撮合，她与溥仪相识了。

20世纪80年代中期以后，随着有关末代皇帝溥仪题材的各种影视文化作品的大量涌现，李淑贤受关注程度也随之大大提高，作为北京市朝阳区政协委员，她接受了国内外各界人士和大量新闻媒体的访问。

三、引领末代皇帝闯世界

社会活动和人际往来大增，令李淑贤应接不暇。每每见到我们夫妇总是抱怨应酬太多，自己想做的事情又难以顾及，很想找个帮手帮她打理某些事务性和文字记录类工作，当然也想与人合作出版溥仪题材的新著作。到了20世纪80年代末，溥仪的《我的前半生》在国内外多次再版，王庆祥执笔、李淑贤口述的《溥仪与我》和《溥仪的后半生》等书也一版再版，中国电视剧制作中心拍摄的28集电视连续剧《末代皇帝》、意大利著名导演贝尔托鲁奇拍摄的电影《末代皇帝》，以及中国香港著名导演李翰祥拍摄的电影《火龙》等影视作品纷纷上映并大受关注，随之而来的版权纠纷更成为社会和媒体议论的焦点。李淑贤不断获邀出席各种首映式、招待会，频繁接受国内外新闻媒体的采访，其中不乏国外媒体和友人的邀请。谈到这类事情，我们夫妇总是劝李淑贤一定要保持一颗平常心，把高调邀请也权当作一次外出散心，开心就好，千万注意不要被别人利用，给自己造成麻烦，给国家带来负面影响，对此李淑贤颇能理解。

1991年春节后不久，李淑贤邀请我们夫妇到家里茶叙，聊天时谈到她的法国朋友章温柔小姐已购得电视剧《末代皇帝》在法国的放映权，邀请她出席法国戛纳电影电视节，为之捧场祝贺。听到这一消息，我们着实为李淑贤感到高兴，并询问李淑贤与章温柔相识的经过。据说是通过友人介绍，章小姐早年在法国留学，毕业后留在法国，成立了一家文化交流公司，事业做得很成功，人也很精干。前几年曾陪同法国一位著名人士采访过李淑贤，章小姐既是翻译又是联系人。

我儿子沙飞两年前才从法国学习归来，李淑贤就顺便询问了一下法国的气候和饮食情况，听说中国人很容易适应，李淑贤挺高兴。此前她以为那边气候干燥寒冷，西餐也吃不惯，有点儿担心。根据儿子的出国经历，我们建议李淑贤买条项链戴上，也要多带些中国小工艺品，作为礼物或小费使用，提醒她国外的"小费"是必须自己支付的。李淑贤听后急忙说："淑云，这几天你抽出点时间陪我买些出国要用的东西吧。"看得出来，她对首次出国之旅既兴奋又重视。随后老刘陪着她到宣武门国华商场，花两千来元购买了一条金项链；又在王府井工艺美术商店买了些丝绸制品和小礼品。逛了一个上午，每人都提了满满一袋物品。午餐则是李淑贤喜爱的奶油炸糕，老刘还半开玩笑对她说："你要提前适应吃西餐了。"

两个月后，李淑贤办好了一切出国手续，临行我们夫妇也赶到团结湖为李淑贤送行。那天人很多，李淑贤家很热闹，市委统

1991年李淑贤摄于法国凯旋门前

战部、政协、卫生局、街道办事处的领导和朋友们都来了，预祝李淑贤旅途愉快，访法之行圆满成功。

6月中旬，李淑贤兴致勃勃地来到我们家，一进门就迫不及待地谈起旅行经历。她称赞法国环境优美，卫生和社会秩序良好，所接触的法国人都非常有礼貌，给她留下了深刻印象。她参观访问了卢浮宫、埃菲尔铁塔、巴黎圣母院、凯旋门、枫丹白露皇家园林等名胜古迹，还拿出照片给我们讲述在法国的所见所闻。李淑贤讲得眉飞色舞、兴趣盎然，看来章小姐把她的旅法之行安排得很周到。

谈到出席法国戛纳电影电视节，李淑贤不无遗憾地说，长途飞行后她感到不适，心脏负担重，刚到法国就病倒了，在逗留法国的一个月中就几次患病。刘淑云关切地问道："无大碍吧？听说国外就医买药很贵，这次让章小姐破费了吧？"李淑贤解释说，出国前就准备了各种常用药，怎么好意思让人家花钱哪！况且原来答应过章小姐，一定出席戛纳电影电视节和记者见面会等有关宣传活动，但到达法国后又担心身体吃不消，从巴黎到戛纳还有近两小时航程，戛纳之旅未能成行，给章小姐造成麻烦，很过意不去。

李淑贤对法国之行还比较满意，见了世面，也感受到法国观众和媒体对溥仪夫妇过往生活的高度关注，这从另一侧面反映了欧洲国家的皇室传统，他们对皇室成员回归社会重当公民很好奇，从李淑贤忆述、王庆祥撰写的《我的丈夫溥仪》一书中关于李淑贤在法国"答记者问"的内容中就能够得到印证。

此外，李淑贤还提到她在法国也见到了美国记者爱德华·贝尔写的《中国末代皇帝》一书的法文本，法国朋友都替她感到不公道，声称要为她讨回公道和挽回损失的名誉。李淑贤第一次出国直接面对各种外国媒体和各种人物，她说起初自己也有些紧张，担心有些问题听不清楚或回答不好，幸运的是有章小姐全程陪同，她法语很好又有耐心，给李淑贤壮了不少胆。这次在法国最大的感受是，意大利版电影《末代皇帝》和美国爱德华·贝尔的《中国末代皇帝》一书影响较大，或因内容描写夸张、富有戏剧性，更能引起西方读者的情趣，而李淑贤认为这完全是一些人不顾历史事实，刻意歪曲和丑化溥仪夫妇，她为此也很气愤。

国外很多媒体记者总是围绕着有悖事实的问题发问，说明溥仪夫妇在一般人的印象中已经有了某些先入为主的固定特征。比如讲，溥仪夫妇现实生活中感情不好，李淑贤很厉害，常给溥仪气受；溥仪夫妇的婚姻是政治婚姻，是政府主导促成的无性姻缘，等等。这些纯属谣言和诽谤性的言论，使李淑贤既气愤又很无奈。我们夫妇曾提醒过她，美国等西方国家是所谓自由主义国家，这种所谓的言论自由和哗众取宠，一定会造成不小的影响，希望李淑贤在适当时候要特别关注一下，避免不断给自己造成麻烦，李淑贤听后不停点头表示赞同。临走前，李淑贤客气地说，这趟法国之行没有带什么像样的礼品送给你们，法国的物价太高了，好东西咱们买不起，说完从手提包里拿出她从法国带回的香水和巧克力等小礼品。老刘知道李淑贤很爱面子，就说："沙飞从法国回来时带回了一些香水，现在家里还有些呢，你朋友多人情广，还是留着送其他朋友为好。"李淑贤犹豫了一下说："那好，我

1993 年 9 月 20 日李淑贤与常驻联合国中国代表团陈健大使合影

1993 年 9 月李淑贤在美国期间与友人合影

就不客气了，香水我带回去送给别的朋友，其他小礼品你们收下，权当作个纪念吧。"

李淑贤第二次出国是在 1993 年夏，系受旅居美国的溥仪家族孙辈成员爱新觉罗·恒年之邀赴美探亲。临行，李淑贤曾向我们夫妇说过这次赴美的目的，但没有提及商业因素。鉴于李淑贤已不是第一次出国旅行，又有溥仪家族人士守护，我们挺放心的。

"十一"国庆节后，接到李淑贤的电话，让我们过去一趟，谈谈在美国的见闻。我们夫妇如约赶到，发现李淑贤家中凌乱，老刘赶紧帮她收拾，打扫房间。李淑贤则忙着烧水沏茶，她说刚从美国回来，打扫房间时不小心把胳臂闪了一下，这两天稍有好转，就想见见我们。这趟美国之行见了世面，爱新觉罗·恒年安排得不错，见到不少名人和侨商，其中有中国常驻联合国大使陈健、中国驻美国大使李道豫等，还见到了宋子文［1894-1971，广东文昌（今海南省文昌市）人，先后任国民政府财政部长、外交部部长、行政院院长等职，1949 年以后长期居住美国］的大小姐，她与经常住在纽约的宋美龄［1897-2003，广东文昌县（今海南省文昌市）人，蒋介石第四任妻子，活跃于政治、外交等领域，对近代中国历史与中美关系产生了深远影响。晚年长期定居美国，享年 106 岁］常有来往。

李淑贤还特别提到一位年轻女士——美国西络公司董事长王滨小姐，以及王小姐的朋友——台湾人张少杰大律师。李淑贤非常肯定地说，这次美国之行的所有费用都是王滨小姐提供的，爱新觉罗·恒年只起个联络和搭桥的作用。我问道："是不是王滨小姐有与你合作的考虑呢？"李淑贤继续讲到，在美期间发生过一件令爱新觉罗·恒年不快的事情。一天，恒年说晚上要同张少杰大律师共进晚餐，在前往其办公室时，大律师取出一份事先准备好的用英文书写的协议交给恒年，让李淑贤签字，李淑贤问内容是什么？恒年支支吾吾地说："是要在美国出版溥仪和您的回忆录，让您全权委托他办理一切出版相关事宜。"李淑贤说，她一听这话就不高兴，与某出版社和那位编辑的官司还没有结果，又发生这种"先斩后奏"的事情，难道请我到美国来就是为了这

李淑贤在恒年家中

件事吗？李淑贤当时就以"正在酝酿与别人合作"为由，婉言拒绝了。

不过，李淑贤还对我们夫妇补充说，她感到恒年、王滨小姐和张大律师"人都不错，而且很能干"，李淑贤也口头允诺"由王小姐负责把溥仪夫妇的回忆录译成英文并在美国出版，待时机成熟即可办理付诸实行的法律手续"，也算是对这趟美国之行有个交代了。李淑贤说，王滨小姐以前就住在北京，是位舞蹈演员，后来到美国发展事业，主要做祖国大陆有潜力的画家在美国从事艺术和商业活动的经纪人，王滨小姐事业做得很成功。王滨小姐说，她想在美国举办"中国末代皇帝溥仪遗物展"，并说她有个亲戚在政府相关部门工作，可以为溥仪遗物的境外办展提供便利。在这之后的几年里，她与李淑贤一直保持着联系。

自从出国旅行以后，我们夫妇明显感觉李淑贤比以前更注重外表和言谈举止了，看来李淑贤去过法国这个现代文化之都后也受到了某些熏陶；去过美国这个最现代化的国度之后更感受到了某种氛围。出国归来，李淑贤在参与外事活动时，更加注重自己在各方面的表现，也常给我们夫妇讲述会见外宾的趣闻轶事。有一次会见欧洲妇女代表团，大家握手寒暄之前，有些妇女代表还要向李淑贤行"屈膝礼"，李淑贤一时不知如何应对，只好向客

李淑贤

我为末代皇帝 溥仪 保大媒

人解释说："在新中国人人地位平等，不分高低贵贱。"事后友人告诉她，现代欧洲女人行屈膝礼仅仅表示对长辈或主人的尊敬，并不存在贵贱高低的含义。还可以举一个李淑贤与欧美妇女面对面交谈的事例。欧美人中有很多理想主义者，他们提出的问题往往都比较理想或抽象，动不动就是人生目标或生活追求等很大的问题。起初，李淑贤仅以"过好每一天平静的生活"来回应，过后却发现，这种回答竟会让她们不知所措。李淑贤逐渐发现欧美人其实是非常认真的，一就是一，二就是二，对生活事务从不含糊其辞，而理想和目标则是另外一回事，与每天平静的生活无关。从此以后，再遇到类似的提问，李淑贤也有了应对的经验了：谈理想和目标，就说今后想干的事；谈具体的事情，就以生活中发生过的点滴小事为例细说。有了这一经验，与欧美人士沟通就很顺畅了。经过 10 来年的磨炼，李淑贤确实精明能干了许多，她很善于在各种环境中从与各类人的接触中学习和成长。

李淑贤生前不但亲身到过法国和美国，还以著作和文字的方式"去过"几个国家，这又是怎么回事呢？

1992 年 2 月，大韩民国电波科学出版社出版了李淑贤的回忆录（韩文版），书名改为《中国末代皇帝溥仪的后半生生涯及爱情》，她应出版社之邀撰写了序言，题为《清朝末代皇帝溥仪与李朝末代皇帝李坧——致韩国读者》。李淑贤以"感谢阅读本书的每一位朝鲜半岛上的公民"之心情在文中写道："囊括三千里锦绣江山的朝鲜半岛，北倚鸭绿江，南枕智异山，还有光荣的金刚山，美丽的妙香山，清澈的汉江、临津江、大同江和清川江，真可谓山漫漫水悠悠，令人心驰神往。如果有机会，我一定前往你们神话般的国度，跟关心我的人们倾心而谈。"她还特别提到李朝末代皇帝李坧（1874—1926，字君邦，号正轩，庙号纯宗，谥号孝皇帝，又称李坧。朝鲜王朝第 27 代君主，大韩帝国第 2 任皇帝，1907 至 1910 年在位，也是朝鲜半岛历史上最后一位君主。

李王坧是朝鲜高宗李熙和明成皇后闵氏仅存的儿子。1897 年大韩帝国成立后封皇太子。1907 年即位，改元隆熙。1910 年日本强迫韩国签订《日韩合并条约》，大韩帝国灭亡。李坧下诏退位，降封为昌德宫李王，实为傀儡皇帝。1926 年病逝），应该说他当日本傀儡皇帝的经历和清朝末代皇帝溥仪做日本帝国主义的傀儡的经历有相似的地方，但他们后来的命运却大相径庭了。

李淑贤还是遵守承诺的，她曾多次嘱告合作人王庆祥，请他尽快完成经过修订和扩写的她的回忆录《我的丈夫溥仪》一书，还要写一篇完整记述"祖"（李淑贤）"孙"（王滨）两代人交往历程的后记，为此还提供了她们交往的种种细节。涉及在美国举办"溥仪遗物展"，王庆祥也根据李淑贤的嘱告，先后向王滨小姐提供溥仪生平照片超过 1000 张。然而，随着李淑贤的离世，在大洋彼岸出书和办展之事，最终都没有下文了。李淑贤生前瞩

1994 年在王府饭店，李淑贤、王庆祥（本书整理者）与王滨小姐，以及联合国亚洲协会领导人和专家，共同审阅溥仪生平历史资料照片

望的那部"英文版"虽然没有问世，她让王庆祥执笔而为该书撰写的后记却已经存世了。经过修订和扩写的那本李淑贤回忆录中文版完稿后，最先交给了王滨，但未能排入她繁忙的工作日程。10年后，由倪娜女士翻译成英文的《我的丈夫溥仪》已经出版并深受好评，九泉之下的溥仪夫人也应感到欣慰了。

李淑贤很注重走向世界，希望全世界的人都能看到她的回忆录。王庆祥还记得，他曾遵嘱为李淑贤执笔写了一篇泰文版后记。出版泰文版《我的丈夫溥仪》是《人民中国》杂志社副总编辑丘桓兴先生提议的，译者即其夫人曹幸查女士。李淑贤生前非常支持出版泰文版《我的丈夫溥仪》，并亲手将刚刚定稿的该书中文稿交给丘桓兴先生，还特别写了一篇后记，唯因她过早远行而未能看到本书问世，实属憾事。

《我的丈夫溥仪》日文版于1997年5月20日在东京出版发行，当时李淑贤女士还健在，却已确诊为肺癌晚期，一步步走近了生命的最后时刻。当样式精美、印装漂亮的样书寄到时，她已经走了。在举行遗体告别仪式的灵堂前，摆放着出版该书的日本学生社敬献的花篮。写于1996年9月23日的李淑贤回忆录日文版前言中最后一段话是这样写的：

> 12年以后，我和王庆祥先生再度合作，对《溥仪与我》加以全面修订，不但增添了我和丈夫溥仪共同生活的许多细节，还新写了丈夫去世后我作为溥仪遗孀，在"文革"十年中间以及改革开放新时代里的漫长经历。所以能够增添大量新的内容，是因为近十几年来，前来访问我的中外各界人士、记者、历史研究者以至普通读者、游客越来越多了。每次接待来访客人，都勾起我对溥仪的许多回忆。其中，特别是一些外国记者，从我与溥仪的相识相爱到组成家庭的经过，从平日工作到家常生活，从爱新觉罗家族、国家领导人与溥仪

的关系，从我们外出旅游到溥仪住院治疗，等等，无不一一细问。为了更好地回答记者的采访，我一边回忆一边做些简要的记录，这些记录成为本书重要的新素材。我把这本经过修订的书稿取名为《我的丈夫溥仪》，希望它能够传达出我对丈夫溥仪深切的怀念之情。当此之际，我还特别要对日本学生社常务理事鹤冈一郎先生和大津辉南先生致意，是他们的支持与厚爱，才使我得到了跟广大日本读者交流的机会。还有一切鼎力相助的朋友们以及喜欢这本书的读者们，请接受我最真诚的感谢。

李淑贤已经仙逝，她的回忆录也以各种文字出境远行了。

第五章
溥仪"遗愿"之谜

李淑贤曾说，她有一次做了个梦，溥仪托梦说他已经又变成了一条龙，但就想入土为安。这会是溥仪的遗愿吗？

一、李淑贤与溥仪家族

1959 年 12 月 9 日，溥仪获赦回到北京，政府按照周总理的指示特意做出安排。这是指什么呢？就是让他先住在五妹爱新觉罗·韫馨家里，让他得到左邻右舍的热情关怀，从而得到一种浓浓的回到家乡和亲人身旁的感觉。这是溥仪跟李淑贤说过的情况。自 1925 年 2 月 23 日溥仪离开北京，辗转于天津、旅顺、长春、赤塔、伯力、哈尔滨、抚顺各地，历经 35 年以后才回到北京，与亲人们团聚。政府非常重视溥仪人生中这一历史性的时刻，精心为之安排，可以说是体贴入微，让知情人都为之感佩。溥仪与家族成员来往亲密，党和国家领导人、全国政协领导人经常设宴招待溥仪及其家族成员。他与李淑贤结婚后依然保持着与溥仪家族成员的来往，看得出来政府对溥仪家族回归社会所给予的殷切关怀。

我们还记得，李淑贤讲过不少溥仪去世前后他们与爱新觉罗家族成员交往的事。她说，溥仪夫妇与五妹韫馨和五妹夫万嘉熙一家的关系最好，更与三妹韫颖从小感情深厚。三妹夫郭布罗·润麒，也就是末代皇后婉容的弟弟，人很活络又很能干，经常帮助溥仪夫妇修理家里的小东西。溥仪逝世后，李淑贤常约刘淑云同往住在金台路的润麒家闲谈、问候。1985年《溥仪的后半生》初稿完成，李淑贤和王庆祥来到润麒家，韫颖应李淑贤之请，当场研墨运笔，为书稿题写书名，毛笔正楷，清秀规范。韫颖病逝于1992年，这以后李淑贤也常常过去看望润麒。李淑贤去世后，刘淑云等人一起前往润麒家拜访过他。润麒挺随和，80多岁了还获得特殊批准可以骑摩托车上路，可能与他年轻时当过骑兵有关系。他年纪大了还要当针灸大夫，也是自学的。他又培养了两个女学生，都挺有名气的，所以才有机会受邀前往美国交流医术。他爱高谈阔论，故事多多。后来李淑贤生病，也是润麒先知道的，他通知了张冲，并把后事也委托给张冲了。

三格格韫颖为《溥仪的后半生》题写书名

润麒先生80多岁了，还获得特殊批准可以骑摩托车上路

七叔爱新觉罗·载涛则是家族中的主心骨，溥仪非常尊重七叔，遇大事就一定要找他商量。载涛其人又怎么样呢？李淑贤的看法

164

是，他"对三太太王乃文很宠爱"。听李淑贤说，溥仪还跟她讲过生父醇亲王爱新觉罗·载沣的故事，说他在辛亥革命中与孙中山先生多有接触，以后又多次劝诫溥仪，让他警惕日本在满洲的阴谋。所以，周恩来总理评价载沣，称之为"在辛亥革命中表现比较好的人"。

"李淑贤为什么会说起这些旧事呢？"王庆祥问。

"李淑贤对周恩来总理的感情最深，就常常会说到总理怎么关心她，无形中就讲出这些话来了。"刘淑云回答说。

谈到溥仪二弟溥杰和她的日本妻子嵯峨浩一家时，李淑贤说，溥仪虽然对当年日本人摆布他的事耿耿于怀，却力主让二弟溥杰去日本学军事，希望其学成归国后为复辟大清国卖力。谁知人算不如天算，二弟溥杰不听哥哥溥仪的劝阻，执意娶了个日本妻子，让溥仪心里很是不爽。尽管溥仪、溥杰兄弟俩先后获得特赦，回京后两家交往也算密切，但这个不悦的心结一直困扰着溥仪。

那么，对于出身贫寒、没有丝毫贵族血统的李淑贤能戴上"凤冠"，昔日爱新觉罗家族圈子里某些人对溥仪的选择难免有些看法。1974 年秋天某日，刘淑云在东四八条李淑贤家看到嵯峨浩女士送给李淑贤的 4 条小黄花鱼。嵯峨浩走后李淑贤很不高兴，她说"浩看不起我"，又说："我每次都挑选最好的东西送给他们。"看来是嫌弃黄花鱼太小了。又因为嵯峨浩是日本人，溥仪与李淑贤结婚后也很少到弟弟家串门。有一次，嵯峨浩之弟公元来北京，中央统战部徐冰部长设宴招待他，请溥仪夫妇作陪，溥仪借故推辞了。李淑贤准备了蜜枣、天源酱菜等特产，要送给公元带回日本。溥仪知道后，非常严肃地对妻子说："什么事我都能随你的愿，可这件事我希望你不要违我的心，我不想同任何日本人打交道。"溥仪尝够了日本人给他的苦头，他对当时日本统治者的专横跋扈是反感的。

早在 20 世纪 30 年代初，九一八事变发生后，溥仪被日本人从天津骗到长春，当上"儿皇帝"，一言一行、一举一动都被严加监视，家庭琐事也要被干涉，连个人婚姻也由日本人一手操纵。"宫中秽闻"发生后，日本人多次提出要给他找个日本姑娘做妻子，企图将监视他的眼睛安到枕边，叫他日夜不得安宁。更有一个不可告人的目的是等将来溥仪生下"龙子"，便有一半日本人的血统，"满洲国"就能联姻日本国了。溥仪当时对日本人处处卑躬屈膝，唯命是从，但在这个问题上，却顶住了日本人的压力，自选一位满族姑娘谭玉龄，册封为"祥贵人"。然而，这位爱国的北京女学生年纪轻轻就暴毙而亡，关东军又通过"帝室御用挂"吉冈安直故技重施，溥仪没有顺从日本人的摆布，把年仅15岁的李玉琴选进宫，册封为"福贵人"，也是费尽心机的。为了防范日本人，他特意选择一个年幼无知的小姑娘，因为年纪小可塑性大，即使接受过日本人的特务训练，也可以进行"再教育"。至此关东军仍不死心，又派吉冈安直出面向溥仪提出，让他的老婆给李玉琴当家庭教师，也被溥仪拒绝了。

"祥贵人"谭玉龄

溥仪亲自给刚入宫的李玉琴拍摄了这帧照片

日本人的阴谋在溥仪身上没能得逞，就把目标转向溥杰，利用溥杰在日本留学的机会，也由吉冈安直一手操办，先解决溥杰与唐怡莹的离婚手续问题，再让他同天皇的远亲嵯峨浩完婚，以备溥杰有了日本血统的儿子，就继承不可能有子嗣之溥仪的皇位。溥杰听信了日本人的劝告，却从此失去了溥仪的信任，兄弟之间产生了隔膜。据李淑贤讲，伪满期间溥仪不喜欢溥杰夫妇，连当时年纪尚小的李玉琴也看出来了。有一回李玉琴过生日，宴会之后嵯峨浩提议请她唱支歌，嵯峨浩的汉语虽然讲得不好，但是连讲带比画的，李玉琴完全明白她的意思，却装作不懂，硬是不唱。事后，李玉琴告诉溥仪："浩子让我唱歌，我没给她唱！"溥仪鼓励她说："你做得对，别给她这种人唱。"

直到溥仪、溥杰双双获得特赦，成为新中国普通公民之后，兄弟之间的隔阂才冰雪消融。但溥仪去世后，联系李淑贤与爱新觉罗家族的纽带断了，她和溥杰一家的往来几乎完全中断。1976年"四人帮"被粉碎后，邓颖超大姐在人民大会堂举行茶话会，李淑贤和嵯峨浩都应邀前去参加。据李淑贤讲，她从车里走下来，一眼看见先到的嵯峨浩拖着一条有病的腿很吃力地向会场一步一步挪动，便紧走几步想扶她一把。她先招呼道："二弟妹，你来啦！"不料嵯峨浩看了李淑贤一眼，哼了一声，算是答复。见到这样的情形，李淑贤心里很不是滋味，又把伸出去准备扶她的手缩了回来，自行走向会场去了。

招待会进行中，偏偏又有记者要给她俩拍一张"亲密照"，嵯峨浩不情愿地跟李淑贤坐到了一起，却看不到"亲密"的表情。嵯峨浩出身于日本皇族，长期生活在上层社会中，与李淑贤之间缺乏沟通。而李淑贤对于自己的低微出身也不是没有自卑感，这两妯娌毕竟不属于同一阶层，文化、修养、思想和生活方式等都有不小的差距，缺乏共同语言，相互间的感情不是那么融洽。嵯峨浩病逝于 1987 年，李淑贤未能见她最后一面，连追悼会也未能参加。

当李淑贤在艰难的日子里苦熬时，外面却流传着不少有关她的闲话。有人说："李淑贤真没有良心，舍不得给溥仪用好药，公元从日本给溥仪买的血浆，被她拿去倒卖了……"据李淑贤回忆录讲，当年溥仪患了贫血症，有一次他们夫妇与吴怀新夫妇一起进餐，谈到溥仪的病，吴怀新说日本血浆质量好，建议他使用。溥杰遂通过内弟公元从日本买回 10 瓶血浆，当时溥仪正在人民医院住院，李淑贤就到溥杰家去取回血浆，她随身只带了 40 元钱，就先取走两瓶。可是人民医院不同意给溥仪输用，理由是"看不懂血浆瓶上的日文使用说明，不敢用"。李淑贤因此四处找人翻译。她想到景山诊所的倪大夫，他懂日文，便登门求助。可是，人民医院又有了新的理由，说"医院血库里并不缺血，需要就输"。无奈，李淑贤只好将两瓶血浆放置起来。溥仪去世后，那两瓶血浆也快要超过使用期限了，李淑贤就把血浆送给了也患贫血症的一位朋友，告诉他能用就用，不能用就扔掉。朋友说他自己不想用，但有一位年轻小病友，家庭困难，挺可怜的，是不是可以给他用？李淑贤表示同意。不久，她听到了"李淑贤倒卖血浆"的私下议论，便赶到朋友处，把剩下的一瓶追了回来。不久，我们夫妇就在李淑贤家看到了那瓶标有"1967 年 1 月 8 日生产、有效期限至 1972 年 1 月 7 日"字样的血浆，她愤愤地说："说我舍不得给溥仪用好药，难道我愿意当寡妇受苦吗？"

据李淑贤讲，溥仪生前对嵯峨浩戒心重重，连她做的食品都不敢入口，有时碍于面子，才做做样子吃几口。李淑贤对嵯峨浩也有意见，经常抱怨她"很势利"，妯娌俩常为一些小事闹误会。有一次溥杰夫妇到家里做客，李淑贤在厨房忙碌，未能及时出来迎候，嵯峨浩当时就表现出不满情绪，搞得溥仪很尴尬，直打圆场。又有一次嵯峨浩来溥仪家串门，在院子里打招呼时李淑贤没有及时回应，又正巧吐口水，让嵯峨浩误会很久。总之，在李淑贤眼里，嵯峨浩就是只认溥仪、不认嫂子的日本皇家小姐，有很强的门第观念。

谈到"文革"前溥仪家族各支的基本状况，据李淑贤说，溥杰家最富裕，住房也最大。新中国成立后，醇亲王载沣一时生活拮据，变卖了不少家产，子女人人有份。1951年载沣去世，溥杰及其弟妹都继承了父亲载沣的遗产，唯独溥仪因早年过继给大清国同治和光绪皇帝这一脉，按照中国人的传统就不能分享生父的家财了，就没有沾上遗产的边，而溥杰不但有遗产，妻子嵯峨浩还能常常收到日本亲人们的汇款补贴。

李淑贤经常会谈到"溥仪很喜欢家族内的侄辈儿们"，谁家有事或有困难，溥仪夫妇都鼎力相助。溥仪去世后，李淑贤同家族人士交往，常常会为送礼感到为难，礼轻了怕被别人看不起，重了又呈现捉襟见肘之状，"礼尚往来"成了很大的负担。在外人看来，当过皇帝的溥仪多少应有些积蓄，再瘦的骆驼也比马大，

溥杰夫妇与李淑贤在一起

遂对李淑贤产生许多误解。溥仪去世后，长期独居的李淑贤与家族成员的情分淡化了，彼此间的照应和帮助也越来越少了。

以《我的前半生》一书著作权纠纷为例，按照一般常理，当某出版社和那位编辑要与大嫂李淑贤分享以大哥溥仪署名的著作的版权时，溥杰作为弟弟至少应当保持中立立场，即便是倾向于外人，也应该首先放在家族内部进行必要的沟通和协调，阐明立场以求得亲人的理解和支持，怎么可以公然站在外人一边呢？这让人很难理解。要么就是溥杰掌握了确凿的证据，证明那位编辑就是溥仪《我的前半生》一书的实际作者之一；要么就是溥杰对李淑贤抱有很深的成见；抑或是李淑贤为一些事得罪了他，否则溥杰就不会做出如此有悖常理的判断和决定。我们经常听到李淑贤抱怨，溥仪去世后溥杰夫妇很少关心她的生活境况，即便最困难时，李淑贤宁可向一般朋友张口求助，也不愿意向溥杰夫妇说出难处。

每当遇到涉及溥仪和溥仪家族有关的大事时，李淑贤都会主动听取家族成员的意见，而结果往往令她十分不满。这种大家族内部协商的最后结果，往往是因各方意见分歧太大而不了了之，李淑贤不得不自己拿定主意。久而久之，李淑贤与家族成员的交往越来越少，彼此之间有了渐行渐远的感觉。

二、"托梦移陵"始末

溥仪去世以后，其骨灰盒长期安置在北京八宝山群众公墓。当时是在"文革"中，刘淑云清楚地记得，李淑贤多次讲"条件所限，只花5块钱买了一个小骨灰盒"。多年来她一直耿耿于怀，认为很对不起溥仪。值得庆幸的是，1980年5月，全国政协为溥仪补开了追悼会，李淑贤也趁机将骨灰盒换了个大一些的。追悼会后溥仪的骨灰由八宝山群众公墓移到了八宝山革命公墓。

大约在 1992 年，有一天李淑贤到我家串门，突然谈起溥仪骨灰盒的存放问题，因为在八宝山革命公墓的租期将满，想找块墓地安葬溥仪的骨灰。李淑贤说，她做了个梦，溥仪托梦已经变成了一条龙，就想入土为安。又说，她百年之后，也要与溥仪合葬。我们感觉很奇怪，李淑贤怎么想起一出是一出啊？考虑问题太不周全。就劝她说，溥仪生前对于回归普通公民生活很满意，而且，八宝山革命公墓是由国家管理和维护，没有问题的，是否还需要"入土"，慎重考虑为好。我们心想，能够进入八宝山革命公墓的，多为中央级别老干部，不可能像一般商业墓地那样有很大资金需求。刘淑云当时给李淑贤的建议是，"还是留在八宝山比较好"！李淑贤也点头表示同意，却又说，溥仪退位前他们家族把陵墓选定在清西陵，后因辛亥革命爆发没有建成。聊了一会儿，李淑贤就匆匆离去了，我们夫妇当时还半开玩笑半认真地说，李淑贤是不是又听什么人"出点子"了？还能找出"租期到了"当借口。不过，我们当时也并不认为李淑贤以后真的会把溥仪的骨灰迁往清西陵旁边那块墓地。

大约一年以后的秋冬之际，一天李淑贤打来电话，让刘淑云赶到西直门政协宿舍。老刘进门就看见客厅里坐着一男一女，李淑贤介绍说，这两位是从香港来的，一位是周小奇，小名叫小毛，是溥仪媒人之一周振强的儿子，老刘跟他还是第一次见面。那天，李淑贤还特意请老刘下厨，为远道而来的客人做了几道菜。老刘至今还记得那天做了一个拔丝白薯不太成功，丝拔得很短，饭后又聊了很久，客人才起身告辞。

因为已经很晚，老刘就住下不走了。李淑贤说，以前曾跟我们谈到过为溥仪骨灰迁墓的事儿，是小毛给介绍了一位香港实业家，名叫张世义，此人在河北易县清西陵旁边开发了一块商业墓地，整体投资约十几万元，很希望将溥仪的骨灰请过去，看来这人挺有经营眼光的。小毛这次专程到北京，就是代表张世义诚邀李淑贤，要把溥仪的骨灰迁到他开发的陵园里，费用也可以接受，七八千块钱就够了。老刘听到这话顿时全明白了，李淑贤不久前突然提出要给溥仪迁墓，原来是另有玄机。

李淑贤终于又把话题转到迁墓上来了："现在存放八宝山革命公墓，由国家照管，等我百年之后，没有人交保管费，时间长了势必会被深埋掉。所以我很想买块墓地，先将溥仪和谭玉龄的骨灰合葬，以后我也要去。溥仪喜欢谭玉龄一回，应该让他们合葬，我不计较，人都死了，还有什么可计较的呢！"原来，李淑贤这时不但已经想到要把溥仪的骨灰送进"华龙皇家陵园"，同时也有了要把自己以及谭玉龄骨灰合葬的考虑。

说实在话，老刘反对李淑贤的这个想法，也反对她把自己"百年之后"的事情也放到里边去。她认为对朋友是要负责的，觉得李淑贤太可怜了。全国政协已经把溥仪的骨灰安放在革命公墓里边了，这就是对溥仪的公民身份做出了肯定评价，所以就不要再折腾了，政府一定会妥善管理。如果有必要弄一块墓地，那也是政府的事，将来还可能弄成旅游点儿呢，又何必现在就急着迁到商业公墓里边去呢？至于安排自己的"百年"，李淑贤又无亲无后，谁来完成她这个心愿？不等于白说嘛！到时候，会有人站出来为她争理吗？想来想去，只有政府最可靠。当此之际，老刘不能不说话啊！于是，她很认真地劝李淑贤说："这件事情关系重大，花钱是小事，你也负担得起。但此事一定要与溥仪家族人士达成共识，而且应当请示全国政协机关领导，必须取得组织上的认可。"李淑贤点头说："淑云，我会慎重考虑的，你暂不要跟老沙讲得太多。"李淑贤深知我很反对给溥仪迁墓，担心我一旦获知消息就会透露出去。

回家以后，刘淑云还是马上就原原本本地把李淑贤打算给溥仪骨灰迁墓的想法跟我讲了，并叮嘱我千万不要对外人说。我们分析了这一新的情况，认为李淑贤一定是受到别人的鼓动或利用，应及时劝阻她。

数日后的一天，李淑贤十分兴奋地来到我们家，谈到她已在北京与香港老板张世义见面了，"张老板很爽快，既精干又有想法"，还答应免费为溥仪、李淑贤、谭玉龄建合葬陵墓，双方很快就可以签约了。我急切地问道："淑贤啊！你怎么想起一出就一出啊？搁在那儿好好的，你迁什么墓啊？谁给你出的主意啊？这么重大的事儿不可草率行之！溥杰和其他亲属的意见如何？全国政协机关领导又是什么意见？都说清楚了吗？"我对李淑贤一点都不客气，公开批评她。李淑贤回答说："溥仪家族主要成员曾就兴建皇家陵墓之事议论过，意见不一致。"溥杰以前不赞同给溥仪迁墓，但最后却甩出一句话，让她"自己看着办"。讲到这里李淑贤还挺生气的。我们夫妇耐心劝导她说："不要赌气嘛，大家都是好意，都会充分尊重你的意见。"

"人家肯定会询问你迁墓的目的和理由，你是如何回答的？"面对我的发问，李淑贤的情绪好像有些激动，并没有正面回答，只是说"这全是为了完成溥仪的遗愿"，还说溥仪生前表示过，希望把"祥贵人"谭玉龄与自己葬在一起，溥仪一直怀疑谭玉龄是被日本人害死的，一直怀念她，还保留着她的骨灰、头发等。

我这时又想起李淑贤给刘淑云讲的那个托梦的故事，就批评起李淑贤来："做一个梦就迁墓，你们女人就是迷信，还相信这一套！"刘淑云见李淑贤有点不高兴，就说："我们认为，国家已经给溥仪盖棺定论了，就一定要慎重对待！不愿在革命公墓里放着，偏要自己拿出来，弄到荒山野地的商业公墓中去，这不是自己给自己的丈夫掉身价吗？"她走后，我们夫妇还是无法平静：李淑贤百年后真能与溥仪合葬么？恐怕很难！毕竟溥仪是中国末代皇帝，他的历史影响大啊！

我们夫妇认识李淑贤30多年来，那天是第一次没有顺着李淑贤说话，我们希望李淑贤三思而后行。每当回忆这次迁墓风波，我们都会感到蹊跷和遗憾。或许因为有了误会和分歧，很长一段时间，李淑贤再也没有跟我们说起过这件事，更没有任何关于迁墓的说法和相关信息。

大概是 1995 年初，我们照惯例邀请李淑贤到家里聚会，吃饭聊天，让她有个尽情说话的地方，换换环境开开心。电话接通后李淑贤推说"最近事情多，恐怕过节去不了"。老刘问她身体和近况如何，她说："身体还算好，最近主要是忙溥仪骨灰迁往清西陵的事，与张世义的合作协议签了，也到河北易县清西陵实地看过了，距光绪的崇陵只有三五百米远，挺满意的。"她希望我们有时间能陪她"携溥仪骨灰一起参加迁墓活动"。

三、荒原中的孤陵

1995 年 1 月 26 日，李淑贤原定此日上午把溥仪的骨灰迁往河北易县清西陵侧近的华龙皇家陵园。向清西陵方向望去，那里有高高的围墙、牌楼、阴门、甬道、坟冢等建筑群，埋葬着清朝的雍正、嘉庆、道光、光绪四代皇帝，是一处由国家负责管理和维护的文物保护单位，而华龙皇家陵园只是一处以清西陵为背景、以营利为目的的商业墓地，尚无建筑或高碑大墓。

李淑贤去世后，约在 2000 年，我们曾去过清西陵和华龙皇家陵园，溥仪的陵墓修得还算气派。站在溥仪墓前，远眺不远处的清崇陵光绪墓，还是让人触景生情，感叹世事沧桑多变，人生苦短，悲凉无边。也许这就是老百姓常说的"天意"吧！作为 300 多年封建王朝终结的象征，溥仪死后也阴差阳错地为其祖先"守灵"来了，但恐怕只能"梦回"那个曾经辉煌的王朝吧。

溥仪骨灰移陵那天上午，碰巧赶上北京市中级人民法院开庭，对溥仪《我的前半生》著作权案做出一审宣判，历经 10 年的官司终于打赢了，李淑贤也在第一时间将好消息告诉了我们，让朋友们分享这来之不易的喜讯。事实表明，当初李淑贤选择了正确的维权途径，司法也已还溥仪夫妇以公正。溥仪的骨灰被安置在北京八宝山革命公墓，充分证明了国家和人民对这位末代皇帝的认可，是这位皇帝用他的《我的前半生》一书中所表述的亲身改造经历才实现的。然而，李淑贤却在这一时刻，选择让溥仪魂归所谓华龙皇家陵园，实在不能说是明智的选择，我们认为这是在错误的时间、错误的地点所做出的错误决定，对此我们久久不能释怀，司法判决似乎也在向这位既是皇帝又是公民的溥仪的灵魂做出最后的挽留。

我们至今清晰地记得当时那一幕情景，"故人已乘黄鹤去，孤墓空影荒寂留"，用这句话概括溥仪陵墓建成之初周边的场景，是最恰当不过了。溥仪生前最痛恨受别人摆布，死后依旧难逃由别人操纵的命运。李淑贤又说，车队就等候在法庭门外，宣判结束即往清西陵行进。不过，我们既没有出庭旁听，也没有陪同李淑贤赶往河北易县华龙皇家陵园，我们不愿意看到这样的迁墓仪式，而且隐约觉得有点儿不对劲，李淑贤会不会被人利用呢？名义上是"故人托梦"的实现，难道不就是陵园老板的商业炒作吗？李淑贤早晚会有追悔莫及的一天啊！

据李淑贤说，北京电视台和河北电视台将在迁墓时随行摄像转播实况。我们夫妇按时坐在电视机前，看到了这样的镜头：只有陵园老板张世义夫妇伴在左右，却没有任何亲友侧近跟随，李淑贤双手抱着溥仪的骨灰盒，在寒冬腊月呼啸的北风中走向墓地。这种商业炒作味道很浓的场景让我们不能不联想起 1967 年 10 月那个清冷的早晨，也是在无亲无友陪护的情况下，溥仪默默地走完了他人生最后的一天。当时国家正处在极左思潮的环境中，人人自危，他们不敢惊动亲朋好友。只有妻子李淑贤与胞弟溥杰，无声无息地把溥仪的遗体护送到八宝山火化，再装入刘淑云陪李淑贤一起在珠市口买的略显寒酸的小骨灰盒，存放在群众公墓的一个角落里，让溥仪的灵魂忍受孤独、难过和凄凉。李淑贤那时候真没有钱，连仅存的《我的前半生》4000元稿费也在"文革"中被迫上缴了，李淑贤耿耿于怀10多年，总觉得对不起溥仪，也不知道跟老刘念叨多少回了。

李淑贤手捧溥仪的骨灰盒在华龙皇家陵园落葬

粉碎"四人帮"以后，国家改革开放了，溥仪作为经过改造而有贡献的历史人物，也得到落实政策的机会。1980年5月，全国政协为溥仪等人补开追悼会，李淑贤趁机将溥仪的骨灰装入新买的大骨灰盒，让13年来深藏内心的愧疚心结得以打开！追悼会后，李淑贤手捧溥仪的照片和大骨灰盒走进八宝山革命公墓，让溥仪的灵魂回归到红色氛围中，令亲友们深感欣慰，如今这电视画面却让我们感受到些许凄凉！

为什么？这是让溥仪回归地下，接受冷漠无助的自守，苦等妻子百年后的陪伴，真是令人百思不解啊！为此，刘淑云与李淑贤曾长谈过一次，让她慎重考虑："百年后谁管你呀？商业靠谱吗？"这只是老刘出于同情、保护而向她提出的建议，最担心的就是一个孤苦、善良、多疑，一生没有亲人呵护又要在社会上奔波的女人再次受到伤害……

回忆至此，刘淑云又想起一个插曲。李淑贤的一位街坊曾自告奋勇操刀在溥仪骨灰盒上刻制溥仪及其生卒年月几个字。这又是怎么回事呢？

刘淑云回忆说："其实，刻字是发生在补开追悼会前几年。那是一个周末的晚上，李淑贤给我来电话说：'淑云，你有时间吗？明天陪我到八宝山给溥仪去扫墓。'这是清明节前夕。"

淑云说："行啊，淑贤，我没事儿可以陪你去。"这个情节淑云记得特别清楚。第二天她很早就起床了，李淑贤也一早就打来电话。当时很少有家庭单独装电话，我们家院外不远就是公用电话，值班师傅都比较熟。淑云接到电话，原来是李淑贤打来的。她说："淑云，你不用去八宝山，有人陪我去了。"淑云说："那好啊！"淑云确实挺忙的，好不容易休息一个礼拜天，不少家务还要做呢！淑云顺便又问李淑贤："谁陪你去啊？"李淑贤说："我那个街坊年轻人非要陪我去，我不让他去都不行啊！"她这样说，淑云也就不好再说别的了。

那天李淑贤从八宝山回来，就直接到我们家来了，一进门就带着气儿说："淑云，我没让你去，那个街坊陪我去了，你知道他做什么了？"淑云问："怎么了？"她说那个街坊年轻人拿个刻刀子，非要在溥仪的骨灰盒上留字。淑云说："那不是挺好嘛！"李淑贤又说："他还让我跟他一块儿照相，我都不知道他是什么时候还带去了一个专门照相的人，非得让我跟他照相，我就不喜欢跟别人照相，碍于情面，不照又不好，我就往后边扭头。"这是李淑贤当时给我讲的原话。

话题回到溥仪骨灰迁墓之事，当时引起了国外媒体的关注。美国《世界日报》1995 年 4 月 5 日以《李淑贤向溥仪新墓致祭》为题报道说："路透社河北易县 5 日电　中国末代皇帝溥仪的妻子李淑贤，今天首次在清明节时前来此间为他扫墓致祭。70 余岁的李淑贤在一批亲友、和尚与当地河北易县农民陪同下，向溥仪的新墓行三鞠躬礼。溥仪的骨灰在今年 1 月才奉准由北京八宝山革命公墓葬进清西陵，小小的水泥墓碑上写着'爱新觉罗·溥仪先生之墓'，比起附近光绪皇帝的崇陵，完全不可同日而语。"

四、移墓后的烦恼

自溥仪的骨灰迁往华龙皇家陵园后，李淑贤很长时间不愿再谈这件事的后续进展。我们曾力劝李淑贤慎重迁墓，故也不愿重提往事。到 1996 年春，李淑贤主动提起给溥仪扫墓的事，说华龙皇家陵园规模太小，只有溥仪陵墓等不多的阴宅散布于陵园荒野之间，话中似带有对香港商人张世义的不满之意，又含糊其辞，欲言又止。根据以往的经验，我们感觉到李淑贤一定与张世义有了矛盾，碍于当初有言在先，李淑贤就只能一肚子苦水自吞自咽。我们见状就安慰她说，干点儿事情不是那么容易的，给别人一点时间倒也无妨。

李淑贤去世后，她的义子张冲向我们讲述了一些情况，证明当初我们对李淑贤处境的判断是正确的。原来，当年陵园老板与李淑贤达成为溥仪迁墓的协议后，"末代皇帝"迁墓就已成为陵园项目宣传推广的"招牌"。虽然该墓地项目的政府审批进程和对外招商引资工作大大加快了，但由于签订协议时该项目还只是个"概念"，许多事情可想而知。为溥仪迁墓一年多以后，为溥仪和谭玉玲修建合葬墓的事却无进展，还是以前那个"水泥疙瘩墓"，远远没有达到李淑贤所期望的模样。这是因为当时政府相关部门对陵园设立一直未通过审批，陵园建设资金也迟迟没有到位。李淑贤做事有时沉不住气，她以为香港老板不缺钱，是有意拖延，有违背双方协议之嫌，但又碍于情面不好直言说出，感觉挺别扭。

听李淑贤讲，张世义是山东人，早年当过兵，转业后在航天工业部第五研究院工作，20 世纪 80 年代中期到香港发展，后来又想在国内投资经营墓地。他在香港认识了周小奇，听说李淑贤有给溥仪找块墓地的想法，就委托周小奇力劝李淑贤迁移溥仪的陵墓，由此，关于华龙皇家陵园的设想、规划，包括名称确定，也才渐趋成型。张世义的口才很好，又有经营头脑，人也爽快，李淑贤与之接触后感觉他是很成功且好打交道的商人，他还承诺为溥仪、谭玉龄和李淑贤百年之后修建高档合葬墓，最终说动了李淑贤。但协议签订后并没有预期那样理想，李淑贤开始有些后悔了。

1997 年 4 月 17 日，李淑贤住进北京市朝阳区中医医院，也就是她原工作单位——关厢医院。住院后病情加重，郭布罗·润麒就电话通知了她在日本的义子张冲。5 月 3 日接到通知后，张冲立即请假两周，于 5 月 4 日飞到北京，与其兄张诚一起到医院看望李淑贤。陪护期间，李淑贤多次提到，希望他能将溥仪墓地整修工作承接过来。张冲一口应允，要把此事做好，满足养母最后的心愿。他精心陪护养母，直到 5 月 20 日假期届满，才安顿一番后返回日本。张冲说，5 月 13 日那天张世义夫妇专程到医院看望，李淑贤就把张冲介绍给他，并当面告知，将溥仪墓地整修和自己的后事委托给张冲处理。据张冲讲，当时谈话中李淑贤曾提出"希望将华龙皇家陵园内的溥仪墓地买回来，交给张冲全权打理"。没想到张世义说："想买回来可以，先拿出 100 万再说。"听到此话李淑贤十分生气："整个华龙墓地才花 10 多万元买到，转眼就大开口，太过分了！"

李淑贤以为其义子张冲在日本会很有钱，其实不然。他也不过是一家日本公司的普通职员，在那个年代别说百万人民币，就是三五十万一般人也掏不起。其实，商人干事就是为赚钱，这是天经地义的事。

后来据张冲讲，当时送走张世义夫妇后，李淑贤就下定决心，要千方百计把溥仪墓内的骨灰盒从张世义手里接回来。养母、义子俩商量后认为，可以用重修溥仪陵墓的名义在海内外开展募捐。为此，李淑贤在医院签署了《募捐委托书》，全权委托张冲经办处理相关事宜，以下是委托书全文：

李淑贤生前签字留给张冲的
《募捐委托书》

募捐委托书

我是爱新觉罗·溥仪的妻子李淑贤。

我的丈夫爱新觉罗·溥仪之墓，现址在北京易县清西陵，因墓地需重新整修。

我特此委托我的养子张冲为整修我丈夫爱新觉罗·溥仪之墓进行募捐集资活动，在此感谢各界人士的大力支持。

委托人：李淑贤（签字）

受托人：张　冲（签字）

一九九七年五月十五日于北京

虽然李淑贤、张冲两人签署了《募捐委托书》，委托书上也有"养子"二字。那为什么法律上最后还是对此不予认可呢？因为李淑贤 60 岁那年就正式提出过认张冲为养子，但全国政协没有批准。理由是"她还有自理能力，不需要人照顾"。我们夫妇的理解是什么呢？溥仪、李淑贤身份特殊，国家不可能批准她收养孩子。后来刘淑云应李淑贤请托也给出过证明，说张冲是她的干儿子，润麒也给她写了证明。但那时候还没有法律公证处，未能公证，政协也不批。尽管有李淑贤亲笔签名，也不行。最后她又跟张冲签订《募捐委托书》，让张冲募捐修溥仪墓，同样办不到。张冲曾跟刘淑云说过他有一个设想，就是要募捐，从日本到国内，用募捐款把西陵这个地方重新修一下，并加修一条马路通到城里，做一个很大的旅游景点，但后来没再有下文。

说到从日本回来的干儿子，这又是怎么一回事呢？溥仪夫妇无后，这是世人皆知的事情。溥仪很早就患有严重肾炎和泌尿系统疾病，丧失了生育能力。"文革"前溥仪夫妇曾想领养孩子防老，但溥仪与李淑贤意见相左，这件事就放下了。溥仪去世后，因身体和年龄原因，李淑贤又开始考虑养儿防老。20世纪70年代后，她多次与我们夫妇商量，甚至直接提出，希望把我儿沙飞或沙鹏过继一个给她。鉴于历史环境，尽管我们很理解她，当真要将亲生骨肉过继给别人时，还是很舍不得。一是担心朋友相处可能产生新的问题，更重要的是担心可能影响孩子们的前途。像我们这代人，经历太多的政治运动和变故，总希望在不影响生活规律的前提下，尽量帮助朋友做一些力所能及的事情。这时也只能安慰李淑贤说，感谢你对我们和孩子的信任，你如果有困难，我们都会帮你。两个孩子就更不用说了！李淑贤点点头说："你两个孩子都不错，很靠得住啊！"

1985年张静蓉女士全家移居日本前，李淑贤凭借跟张静蓉的友情而把她的小儿子张冲收作养子。据李淑贤讲，张静蓉是东北人，早年留学日本，毕业于日本医学院，后嫁给日本人。全家在新中国成立前来到北京，开设私人诊所。"文革"中张静蓉被说成是"日本特务"，既失去工作，又受到很大冲击，她家也一度被赶回东北，子女也受到连累。改革开放以后，政府为张静蓉一家落实了政策，张冲也跟随母亲前往日本定居了。李淑贤和张静蓉两家人虽然只能隔海相望，但联系并没有中断，张冲仍以养子身份与李淑贤保持通信。

问题是李淑贤与张冲的收养关系始终没有落实。20世纪80年代初，国家对公民办理领养关系的程序并无具体规定，张冲只需在原单位北京营养源研究所人事部门开一张介绍信并出具相关证明，再由李淑贤将领养申请书以及张冲原单位所出介绍信和证明递送到她的主管单位——北京市朝阳区政协审批同意即可。然而，具体经办此事的朝阳区政协领导董华堂和人事干部王秀敏，考虑到李淑贤身份特殊，且年龄还不满60周岁，认为她尚无必要专人陪护或通过领养关系养老，就没有同意出具相关证明。张冲作为李淑贤养子的司法认定，因此没有做完，也为日后李淑贤后事处理埋下继承权纠纷的隐患。

五、李淑贤去世前后

李淑贤去世，竟然无人通知我们，王庆祥打电话也问不出实情，这究竟又是为什么呢？

1997年春节前，刘淑云照例往李淑贤家打电话，邀请她到家里来过年。电话交谈中感到李淑贤说话底气不足，遂询问她身体状况，李淑贤讲"年龄大了，每到冬天都会很难过，最近有点儿感冒，也无大碍，吃点药就会好"。老刘又问她最近忙什么？要不要过去帮帮手？还告诉她，沙鹏的女儿平平很快就上学了，她的时间充裕些，可以多陪陪她了。李淑贤很高兴地说："平平上学了，你一定到我这里多住几天。"老刘说："好吧，让我把老沙和平平都安顿好，腾出时间就过去陪你。"同年4月上旬的一个星期天，老刘就到西直门政协宿舍看望李淑贤。迁陵后也挺长时间没见面了，为丈夫维权的官司也赢了，该办的大事都办了，李淑贤应该好好休息一段时间了。

然而，老刘一见到李淑贤却大吃一惊，病态的李淑贤脸色煞白，衰老尽显。老刘问："淑贤，是不是不舒服？到医院检查过吗？"

"前几天晕倒过一次，幸亏赶上小时工来打扫卫生，那女孩儿敲门，我才迷迷糊糊地爬过去开了门，真危险。后来到朝阳中医医院检查了，大夫说是肠胃不好，引发体质下降，造成眩晕，吃点儿药问题不大。"李淑贤说话仍显得有气无力。老刘颇为不解，就劝她再到对面人民医院全面检查，"大医院设备好，不会贻误病情啊"！

说话的工夫老刘走到了客厅，才发现沙发上躺着一个正睡觉的中年女人，还以为是新请来的保姆，李淑贤悄悄说："这是溥仪家族远房亲戚，下岗了，丈夫是开出租车的，两人刚离婚，有一个4岁男孩，由男方抚养。听说我身体不好，要来帮帮忙，她没有经济收入，挺可怜的，我就让她过来先试试，看来这人跟我的要求还有一定距离。"老刘也悄悄说："你可要慎重，有时让亲戚做反而挺麻烦，帮不上多少忙，还得管吃管住。"不一会儿，那个中年妇女从沙发上起来了，李淑贤从床底下拿出个黑皮包，掏出小钱包来，拿些钱交给她，说让她去买蔬菜。不知什么时候，李淑贤又打发那个中年妇女回家了，李淑贤和老刘一起下厨烧中午饭。

午饭后，李淑贤跟老刘聊了一下午，还说等天气暖和点儿，再一起去趟长春。当时，王庆祥正在对李淑贤回忆录《我的丈夫溥仪》做最后的修补，很快就定稿了。这回去长春是为了讨论定稿，顺便带回改定的手写书稿。她依然很关心与王庆祥合作出书一事的进展。老刘安慰她："你得先把身体调养好，我才可能陪你去呀！"这次又谈到干儿子张冲，说他在日本西格玛光机株式会社光电子事业部工作，年薪挺高的，前几天从日本来信说，"已经知道我最近身体不好，让我最好去日本养病，身边就有人长期照顾了"。看得出来，张冲用心很细，也很会体贴人。李淑贤回信说"正为申请赴日做准备"。李淑贤还谈到也打算去一趟香港，有位朋友——何襄延女士邀请多年，再不去恐怕就走不动了。转眼间快到晚饭时间了，老刘见她精神和脸色还好，就起身告辞。李淑贤却依依不舍，执意要留老刘吃晚饭，老刘说，孙女平平还等着她照顾，等空闲下来，"再好好陪你"。临行，李淑贤还送给老刘一本新出版的《爱新觉罗·溥仪日记》，该书署名为"爱新觉罗·溥仪遗稿、李淑贤提供、王庆祥整理注释"。

李淑贤一直把老刘送到电梯口，眼含泪水，挥手道别。暮色中，老刘匆匆穿过楼群，心里有点儿酸酸的，不知不觉中回头望去，只见李淑贤站在打开的窗后不停地挥手。当刘淑云走到西直门25路公交车站前时，眼泪就不自觉地流下来了。自语道："这是怎么啦？……"

每当想起那一幕，老刘心中就会泛起一阵阵酸楚，又不能不想起与李淑贤相识相知30多年的风风雨雨，并为她坎坷的人生经历深感痛心和惋惜。然而谁又能知道，这次见面，竟成为老刘与李淑贤的永诀！

此后的两个月，李淑贤又经历怎样的痛苦和挣扎可想而知，她终于熬到了生命的最后一刻。那许多真情和凄凉的故事，都是我们事后从李淑贤的朋友、同事和养子张冲那里陆续听到的。据说张冲在医院里还录制养母的谈话，内容不外乎谁对她好，谁对她怎么样，等等。

1997年五一劳动节，我们让小儿子沙鹏一早就到西直门政协宿舍，接李淑贤来我们家过节。事先曾往她家打电话，没人接，老刘以为她在忙什么，也知道逢年过节她也没有地方去，刚好沙鹏当时就住在西直门附近，离政协宿舍不到一站地，就让他去接李淑贤。那天一早，沙鹏把车开到李淑贤家楼下，先到市场给我们买了些过节用的东西，然后来到李淑贤家敲门，没有回应，看表，还不到上午10时，他心想李姨儿不在家，也没多问就迅速离开了。回家后老刘问他为何没接到人，沙鹏回答说"李姨儿出门了"，当时一家人也没有当回事。这以后老刘多次往李淑贤家打电话，始终无人接听，老刘推测"可能是到香港或日本去了？"再一想，如果出远门，她总会告知我们夫妇的，这回有点儿反常啊！因为那段时间里我们一家人都忙着小孙女平平上学的事，怎么也没有料到李淑贤此时已经病重住院了。多年来一提起这件事，老刘都会深感内疚。

1997年6月27日，老刘直接到李淑贤家看望，刚走到门卫室，看门老师傅见老刘面熟，就说："是找李淑贤吧？她人已经死了。"听见这话，老刘顿觉头脑一片空白，不敢相信这是真的，以为自己听错了，急匆匆地还想上楼去敲李淑贤家房门看个究竟。看门老师傅又说："您现在上去也没用，李淑贤家已经被人封门了。"老刘这才想起细问："她什么时候去世的？"老师傅回答说："大概在6月初吧。"老刘神志恍惚，仍然不愿意相信这是真的。她慢慢走过政协宿舍那几栋楼，来到西直门大街，依然不愿意离去，围着李淑贤所住的那栋临街的8号楼走来走去，久久地盯着她家厨房那扇窗户，眼前浮现出两个月前与她挥手告别的那一幕，在心里不停地念叨：难道真的再也不能到这里来陪淑贤聊天，听她述说心里话了？……

老刘强忍着悲痛回到家里，一进门就坐在沙发上痛哭起来。晚上，沙鹏回来了，孩子们不停地安慰老刘。沙鹏说："李姨儿6月初就去世了，我们一家人为何没有得到一点儿信息？难道她在临终时刻也没有想到见见多年的好友吗？"一家人百思不得其解，感觉是发生了意想不到的情况。我们又让沙鹏第二天给政协机关打电话，问问情况再说。果不其然，据接电话的人说，连政协机关也不清楚李淑贤住院和去世时的具体情况，事后才听到一些说法，仅告知"李淑贤的后事由张冲主持，正在处理中，可通过他了解具体情况"。张冲在 7 月初主动来到我们家，讲述了李淑贤从住院到去世的最后历程。

1997 年 4 月 17 日，李淑贤再度感到头晕，就电话通知原工作单位朝阳区中医医院。该院随即派车把她接去，做了各项检查，办理了住院手续，因系非常熟悉的原工作单位，就没有再请专人护理，也不认为有什么大毛病。住院观察治疗持续到 4 月 30 日，李淑贤依然发低烧，浑身发冷且无力。医院决定将她转往北京朝阳医院进一步检查治疗，其间护理工作则由朝阳区中医医院派人负责。检查结果显示：肺部有明显阴影，怀疑罹患肺癌。

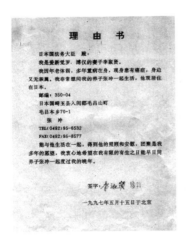

李淑贤亲笔签署拟往日本官方呈递的《理由书》

5 月 3 日，张冲接到润麒的电话而获知李淑贤病重，4 日就从日本匆匆赶到北京朝阳医院。据医护人员和同室病友讲，得力于张冲的全力陪护和医院的精心治疗，李淑贤的病情在那段时间基本稳定，情绪也好转，经常与张冲讨论为整修溥仪陵墓集资、在海内外寻找溥仪遗物、尽快整理出版她的回忆录等事宜。为满足养母心愿，张冲满口承诺，可谓尽心尽力，无微不至，让人有"不是亲生，胜似亲生"之感。

其间，李淑贤也表达了她对养子的信任，还表示了愿意赴日本生活的心愿，下面是她亲笔签署拟往日本官方呈递的《理由书》：

日本国法务大臣　殿：

我是爱新觉罗·溥仪的妻子李淑贤。

我因年老体弱，多年重病在身，现身患有癌症，身边又无亲属。我非常想同我的养子张冲一起生活，他现居住在日本。

邮编：350-04

日本国埼玉县入间郡毛吕山町

毛吕本乡 70-1

张冲

TEL（0492）95-6532

FAX（0492）95-8577

能与他生活在一起，得到他的照顾和安慰，团聚是我多年的愿望，我衷心地希望在我有限的有生之日能早日同养子张冲一起度过我的晚年。

签字：李淑贤（亲笔签名）

一九九七年五月十五日于北京

为了证明李淑贤是突然去世而未能及时通知到亲朋好友的特殊情况，几天以后，张冲又陪同朝阳中医医院党委书记殷菁女士，再次来到我们家里，讲述了李淑贤去世前后的详细经过。

1997 年 6 月 6 日，正好是周五，曾在李淑贤处帮过忙的溥仪远房亲戚，此时突然出现在李淑贤面前说，"朝阳医院治不了癌症，应该转到北京中日友好医院去，吃几服中药就会好"。正应了"久病乱投医"那句话，李淑贤听而信之，遂提出转院。朝阳医院不敢耽搁，立刻通知了朝阳区中医医院领导。据中医医院王洪玉、彭平平、甘虹等证明，当天就派人将李淑贤护送至中日友好医院，并办理了入院手续，应由个人支付的挂号费和被服费等也由护送人员垫付了。离开前护送人员还将单位联系电话留在了护士站，并一再嘱咐"如有情况请及时联系"。朝阳区中医医院殷菁书记说，6 月 7 日、8 日两天恰是双休，又逢组织职工外出活动，就没有派人到中日友好医院探望。

1997 年 6 月 9 日，李淑贤病逝于北京中日友好医院，遗体暂存该院太平间。同日上午朝阳区中医医院各部门都在开会，不料下午上班没多久，就接到了李淑贤去世的消息。

殷书记和郭院长当时都在外面开会，接获通知立即离开会场，赶往中日友好医院，并向一直在病房现场的保姆小曹和医护人员了解到李淑贤临终前的基本情况。张冲也讲了一些细节。据钱家琳说，6 月 8 日李淑贤还让她代买 4 盒一直使用着的友谊牌擦手油和 3 支克霉唑，又开了复方甘草合剂。9 日中午钱家琳才离开病房，谁知当天下午 3 时 15 分，李淑贤就匆匆离开人世了。殷书记和郭院长随即安排将李淑贤遗体送往太平间。在场的人都看到，李淑贤的遗物已被收拾好放在几个包裹里，就摆在病房的地上。殷书记还特别提到曾询问现场那位帮过忙的溥仪远房亲戚："李淑贤的遗物，包括户口本、身份证、家门钥匙等贵重物品，都放在哪里了？"她肯定地说："全在我手上。"

围绕后事处理和李淑贤的大量遗物，张冲与那位曾在李淑贤家临时帮忙的族亲之间，展开了一场激烈的继承权大战。张冲拟向八宝山运送遗体，而她则与其前夫带几辆面包车要把遗体抢过来，这是第一个回合。张冲报警而惊动了公安部门，才得以把遗体运到八宝山群众公墓。这一天是 1997 年 6 月 24 日。武汉北斗集团老总周垂远、秘书王和平在场。后来张冲还不得不依靠公安机关介入，调查养母及溥仪遗物的去向。

张冲离京返回日本前，曾专门为李淑贤请了保姆，名叫曹淑芸。据殷书记和张冲等人讲，李淑贤住院期间，殷书记本人、院长以及朝阳区政协领导，都曾到医院看望和慰问。殷书记还亲自询问李淑贤，是否有需要交给组织代为保管的贵重物品？李淑贤默不作声，没有需要帮助的表示。殷书记还特别解释说，之所以没有及时通知我们，主要是李淑贤的通信录等重要物品全都放在一个皮包内，不知李淑贤出于何种考虑，一直不让别人对外讲她生病了。

据一直守候在病房的保姆小曹和医护人员杨丽讲，李淑贤去世前曾将所携现金和存款单放在内裤兜里。其他贵重物品也都集中放到了一个皮包内，有存折、首饰、身份证和通信录等，李淑贤去世前后短时间内，被曾在李淑贤处帮过忙的溥仪远房亲戚拿走了。按继承法规定，这位溥仪远房亲戚是没有资格接受李淑贤的遗产的。听说在李淑贤遗体被送往八宝山火化途中，他们夫妇还闹事纠缠。作为溥仪夫妇多年的朋友，听到如此悲惨的离世经过，我们深感痛心和愤怒。以下是李淑贤原工作单位先后出具的两份证明：

证明材料

爱新觉罗·溥仪先生的遗孀李淑贤，系我院退休职工，于1997年6月9日患肺癌在北京中日友好医院去世，李淑贤去世时家中的钥匙、户口本、身份证和随身携带的钱及一切物品，均被当时在场的某某拿走。（应为武汉。笔者注）北斗集团总经理周垂远、北新桥医院杨丽医生等4人都在场，可以证明。

据居委会干部反映，6月9日下午5时左右，某某与其前夫更换了李淑贤的门锁，多次在中午12时到下午1时之间前去李淑贤家中，每次都从李的住所拿走物品。

6月11日，某某对派出所隐瞒李淑贤去世真相，将本人户口迁至李淑贤户内。

李淑贤住院时曾多次表示，要偿还她在住院时所欠的1.6万元自费药款，但因其去世时钱、物均被某某拿走，我院多次与之联系，她不予理睬。

据我院掌握，张冲系李淑贤养子，某某与李淑贤无奉养关系，李淑贤身后之事与某某无关，更不该私自拿走李家中财物。我们认为，李保存的文物应当索回，捐给国家。我院支持张冲同志继承其母把文物捐给国家的遗愿，并恳请有关领导重视此事，维护法律尊严，尽快调查处理。

中共北京市朝阳中医医院党总支委员会（公章）

北京市朝阳中医医院（公章）

一九九七年七月七日

证　明

　　李淑贤因病于 1997 年 4 月 17 日住进朝阳中医医院，4 月 30 日至 6 月 6 日转到北京朝阳医院治疗。在此期间我院每天均派人看望、照顾她。6 月 6 日（周五）李淑贤转至中日友好医院，我单位派党办二位主任王洪卫、彭平平，院公费医疗办公室大夫甘虹及卫生局组干科司京凤同志等将李淑贤护送到中日医院，并办好一切入院手续（因无人交费，包括挂号费、被服费等应个人交纳的费用均由医院派去的同志私人垫付），同时将单位的联系电话留在了护士站，嘱托如李病情有变化，随时通知我们。

　　6 月 7 日、8 日是双休日，因我院组织职工外出健康疗养，故一时抽不出人来到医院去看望她。6 月 9 日下午我院突然接到李淑贤去世的消息，我和郭润田院长均在外开会，听到通知立即中断会议，分别赶往医院。去后我们向当时在场的人了解李淑贤临终前的情况，并一同将李的尸体送到太平间，我们当时看到李淑贤的遗物已被收拾在几个包中放在地上。当着在场所有的人，我问当时在场的某某："李淑贤随身携带的、一会儿也不肯离身的黑包及房门钥匙是不是都在你手里？"某某答道："都在我这里。"据我们所知，李淑贤的身份证、户口本、私人图章、贵重物品等都在包中。因李住院期间对我们讲，她的家曾被盗过。李淑贤去世，当时在场的杨丽对我们讲，李淑贤随身的内裤中还缝有贵重钱物，因李住院期间，杨丽照顾她多日，李淑贤亲口对她讲过一些情况。

以上情况，当时在场的有北斗集团总裁周垂远、中共党史人物研究会理事韩建武、北斗集团王和平、北新桥医院杨丽、我院郭润田、姚永清（医院办主任）、中国现代名人研究基金会秘书长（名誉主席），以及新闻单位记者等可以证明。

中共北京市朝阳中医医院党总支委员会（公章）

北京市朝阳中医医院（公章）

朝阳中医院党总支书记　殷菁（签字）

1997 年 7 月 12 日

以下是李淑贤去世前最后一个护理工曹淑芸的证明：

证 明 材 料

我是照顾李淑贤的护理工，我护理李淑贤的时间是从 1997 年 5 月 31 日至 6 月 9 日。李是 6 月 6 日转到中日医院的，在这段时间我始终守护在李的身边，我从未听李说过她死后的财产让某某继承的话，转到中日医院第 4 天，也就是 6 月 9 日，李淑贤病情加重而死亡。

转中日友好医院主要是某某一手操办的，她说朝阳医院条件不好，单位又没人上心，咱们自己转，这样才转到中日医院。某某一直在李淑贤身边，一直到死亡。

李淑贤身上老穿着一件紫红色短裤，它是套在内裤的外边。有一天，李拉稀弄脏了内裤，外面套的紫红色短裤也脏了点，李让我把紫红色短裤上缝的一个布包拆下，而且她看着我拆。拆下后，我才看见，是一个约 1.5 厘米厚，约 7 厘米 ×10 厘米大小的小花布包，我拆下后李立即收起这个小花布包。等裤子干了后，李让我纫好针线，她自己亲手把这小包又缝在紫红短裤上。在我拆紫红短裤时朝阳医院王主任的儿子王乃朋正好进病房来，以为李要摔倒，要扶李，李忙说你快走吧！可是王乃朋正好看见小花布包，他可以证明此事。我觉得这小花布包内准有重要的东西，到李临死时，某某不顾紫红色短裤上有尿，赶紧拿这条短裤用食品袋装起来，放在包里。

这件事情，有北新桥医院的杨丽大夫在场，在李咽气时她的一个大黑包内（内有一个小皮包，都是装钱的）抽屉内有一块小手表（带小链）及李的一大串钥匙等物品，都让某某拿走了。

李在住中日医院时曾和某某说过，我现在身边没有人，有事你就帮帮忙，以后我不会亏待你。这样的话，李淑贤也和我说过多次。平时凡有人来看望李淑贤，某某就让我去给她听，说一些什么话，然后让我告诉她，但我没有按她的话去做。

有一次夜班的护工没来，我就上的连班。李淑贤说我太辛苦了，给我 100 元钱，我不要，可李非给我不可，推让了几次，我才收下。过了两天，某某问我，是不是李给我钱了，你为什么没跟我说？我回答说，我还没有来得及和你说，你就问了我。当时我就觉得，李的钱已完全让某某给控制起来了。以上我说的都是事实。

曹淑芸　　1997 年 7 月 11 日

西直门内南大街责任区民警郝沪民同志曾在全国政协 8 号楼楼委会了解李淑贤因病住院直至去世后某某出入该楼的情况，并提交了以下证实材料：

李淑贤系我楼住户，在其搬至本楼后的几年中，从未见过某某这个人，李淑贤本人也未向我们提过有某某这个亲戚，李淑贤住院前后我们仅多次见到李淑贤单位的人来，李住院也是单位来人接走的。

1997 年 6 月 9 日晚，我楼委会梁秀敏同志见一年约 40 多岁的女同志要进李淑贤的家门，遂问她是什么人，此人说她是李淑贤的侄女。梁问："你来，李淑贤的组织知道吗？"她说："知道，我手里还有李淑贤的钥匙呢。"当晚即住在李淑贤家，第二天早晨，梁秀敏见到某某后，又问李淑贤的病情，她才说李已于昨日去世。

自 9 日以后，某某和几个男子连续几天从李淑贤的房间里往外搬东西，并在李淑贤房子里住了好几天。

据李淑贤的邻居和我们反映，某某已将李的门锁换了。

以上是我楼委会所了解的情况，供参考。

收发室　张英　1997 年 7 月 14 日

张英是西直门 8 号楼的积极分子

南大街责任区民警　郝沪民　1997 年 7 月 23 日

那位曾在李淑贤处帮过忙的溥仪的远房亲戚，在法律上没有继承李淑贤遗产的权利，她也因在李淑贤去世前后突击在其住房处办理落户手续、拿走物品而受到处罚，并退赔结案。这也是她对相关法律规定了解不足所致。

然而，张冲亦因没有被李淑贤收养的法律依据，也没有继承权。但考虑到在李淑贤病重住院期间和逝世前后张冲给予了悉心照料，并积极保护溥仪夫妇身后遗产，深得朝阳区政协、朝阳中医医院领导，以及郭布罗·润麒等亲近人士的信任、配合和支持，最终还是得以养子身份，全权处理了李淑贤的后事。以下引录郭布罗·润麒提供的证明和意见书、北京红十字朝阳医院和迅清服务中心为患者服务合同等文件，可以证明张冲所做的工作：

证　明

　　我证明李淑贤在世时曾对我说过，张冲是她养子。她说"我和张冲的母亲是好朋友，从小她就教张冲管我叫妈，只是没有办理法律手续"。

证明人：郭布罗·润麒（名章）

家庭住址：北京市朝阳区金台北街 3-2-501

电　　话：6594-9996

邮　　编：100026

意见书

关于李淑贤的丧事，同意由张冲办理。

郭布罗·润麒（名章）

1997 年 6 月 24 日

郭布罗·润麒先生的证明

诊断证明书

　　患者李淑贤住院期间，使用保尔佳、脂肪乳自费药物，家属同意使用。

家属签字：张冲　医师：赵倩

（中国医科大学附属北京红十字朝阳医院综合科病房

公章）

1997 年 5 月 21 日

诊断证明书

　　患者李淑贤住院期间（肺部阴影待查：肺癌？）家属张冲于 1997 年 5 月 6 日—1997 年 5 月 24 日在院内陪住。特此证明。

医师：赵倩

（中国医科大学附属 北京红十字朝阳医院综合科病房

公章）

1997 年 5 月 23 日

迅清服务中心为患者服务合同

服务中心地址：朝阳区团结湖北三条八号

甲方：张冲（签字）

乙方：北京"迅清"拆房保洁服务中心（公章）

患者姓名：李淑贤　联系人：张冲

病情：肺

自理程度：不能下床

服务时间：1997 年 5 月 19 日中午 12 时开始至 5 月 29 日中午 12 时结束（每天上午 7 时—下午 7 时）

服务费用：每天 20 元（20 元 ×10=200 元）

王莲美护理

因实际只护理到 5 月 25 日下午 7 时，退病人 3 天钱

（20 元 ×3＝60 元）。

张冲曾以李淑贤养子的身份给相关领导写过一封信，内容如下：

我是已故爱新觉罗·溥仪先生遗孀李淑贤的养子张冲。

我母亲李淑贤于 1997 年 6 月 9 日因患肺癌在北京中日友好医院病逝。因病情突然恶化，随身携带黑色皮包里的东西、家门钥匙及内衣密存的钱财、文物借据等均被人拿走。据我所知，家中有溥仪生前日记、手稿等珍贵文物及我母亲详细记载其他文物去向的记事本。这些文物都是我的母亲在"文革"中冒着生命危险保存下来，准备日后捐献给国家的。

据我母亲住家居委会干部反映，在我母亲去世当天，门锁即被某某更换，几次拿走房中物品。在我母亲去世的第二天，竟然对当地派出所隐瞒我母亲已去世的真相，将其户口迁至我母亲的住所内。上述文物是否存在不得而知，使我焦虑不安。我认为这绝不是个人财产之争，而是关于这些文物能否回到国家和人民手中、还是流失在社会上的重大问题，应当引起各级领导及有关部门的高度重视。为此，恳请组织过问并协助解决。

（清单附后）

张　冲　一九九七年七月四日

北京市委统战部为了表彰他的良好行为，向他颁发了奖状，并从李淑贤的遗款中拨出 1 万元奖励张冲。为了表明自己爱国护

亲的心迹，张冲把奖金全部捐献给国内慈善事业。他还多次向我们夫妇表示，将一如既往，继续不遗余力地积极从海内外寻找溥仪夫妇的遗物，如有收获即全部捐献国家，以实现养母临终遗愿。

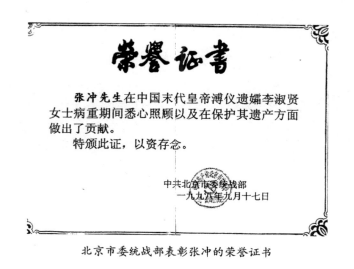

荣誉证书

张冲先生在中国末代皇帝溥仪遗孀李淑贤女士病重期间悉心照顾以及在保护其遗产方面做出了贡献。
特颁此证，以资存念。

中共北京市委统战部
一九九八年九月十七日

北京市委统战部表彰张冲的荣誉证书

张冲回到日本后，也给我们夫妇打过电话，谈及他正在筹备给溥仪夫妇举办图片展，目的是让全世界人民都知道，中国共产党是如何将封建的末代皇帝成功改造成为衷心拥护党和社会主义的普通公民的。我们也被这个年轻人的爱国热情所感动，表示一定全力帮助他实现这个愿望。

1997年6月24日，李淑贤的追悼会在八宝山公墓举行。中共中央统战部部长王兆国等国家领导人送了花圈。参加追悼会的却只有张冲、郭布罗·润麒、李淑贤生前单位的领导和同事等不多的人。

6月12日才从新闻广播中获悉李淑贤病逝消息的王庆祥，也从长春赶来参加了追悼会，他为阿姨书写"恩恩爱爱，与末代皇帝夫妻六载；坎坎坷坷，为公民溥仪奉献一生"的挽联，就挂在告别室大门两侧。溥仪离开30年后，李淑贤就这样孤独地离去了。

王庆祥从长春赶来参加了为李淑贤举行的追悼会

2000年4月，我们夫妇由小儿子沙鹏陪同，前往河北易县清西陵附近的华龙皇家陵园，亲眼看见了李淑贤"魂牵梦萦"的这块风水宝地。进入陵区，这里已经初具规模，比以前李淑贤说过的那个"水泥疙瘩墓"要好了许多，放眼看去，有扁状的墓，也有长形的墓，却依然是稀稀拉拉。那里的工作人员倒很热情，不时打听来人是否要选择一块墓地留下……

我们来此是因为刘淑云的一个侄女住在保定，她女儿结婚，我们夫妇也来参加婚礼。回京时路过清西陵，孩子提议顺便看看溥仪的墓地，我们也同意了。当来到这个面积比其他墓大一些的溥仪墓地前时，我们觉得溥仪依然如生前那般孤独地躺在那里，只有坟冢前的汉白玉墓碑上，赫赫刻有"爱新觉罗·溥仪"几个大字。一个曾经辉煌的封建王朝末代皇帝，静静地承受着世事沧桑的洗刷。沙鹏好奇地问道："李姨儿去世好几年了，为何不将谭玉龄、李淑贤墓与溥仪墓一起修好呢？"我说："或许是李淑贤作茧自缚吧！"

这时我们3人已走到溥仪墓前，沙鹏将一束鲜花，恭敬地摆在溥仪的墓碑前，大家一起深深地三鞠躬。愿溥仪在天之灵得到安息，也为李淑贤死后不能伴在丈夫左右感到遗憾和惋惜，更是在此对溥仪的灵魂做最后的发问：难道这就是"故人托梦"想要的归宿吗？

香港商人张世义成功运作了溥仪骨灰迁陵一事，使华龙皇家陵园近年的状况得到很大改善，"火龙"的宣传效应是不言而喻的。不得不承认，陵园老板成功了，但李淑贤的选择则是错误的，以致阴差阳错，又出现所谓"变故"，李淑贤与张世义已签"将溥仪与李淑贤、谭玉龄合葬"之条款最终未能实现，签了字的《委托书》也无法得到法律的认可和保护了。

华龙皇家陵园与清西陵内皇陵是有根本区别的。商业墓地只要交钱就行，普通百姓也完全可以在此立碑、修墓、入土，价格自然不菲，最近更是水涨船高，必须提前预订并缴纳保证金；而清西陵则是国家文物保护单位，受《中华人民共和国文物保护法》保护，管理和维护由国家负责，其间不可能再建新陵，就是挖个土坑都是不允许的。溥仪的墓地与光绪帝的崇陵虽然相距仅二三百米，占地面积却只有200平方米，其左侧和右侧各有一座空穴。末代皇帝溥仪的墓地既无碑楼、动物石像等镇墓物件，更没有象征皇权的五孔桥、神殿、厨库等复杂建筑。

离开清西陵返回北京前，我们夫妇再次环顾了这片清朝封建统治者为自己选择的阴地。这里背山面水，树木成林，确是一片风水宝地。按老百姓的说法就叫作"沾风水之宝地，享万代之洪福"。然而，李淑贤自"托梦移陵"后，不但对以往的决定多有悔意，对合作伙伴张世义也产生不满，且把自己弄得身心疲惫，最终也没能实现与溥仪、谭玉龄合葬的初衷，而令溥仪墓在荒芜的清西陵旁边孤守了10年。

在返程的汽车内，刘淑云感慨万千地对沙鹏说："溥仪的骨灰存放在革命公墓多好啊！每年清明节会有很多群众去扫墓。真不应该把溥仪的孤墓存留在这个空荡荡的荒野当中。"

　　"爸，您可以根据妈妈的话作一首诗。"沙鹏把话题转向我。我当时没有吭声，孩子又说："爸，咱们就用妈妈的用语填词吧！借用古人填词的方法。"随后他就先操作了："我就用妈说过的话组成一个句子：'故人已乘黄鹤去'。"我听后略加思索，便从老刘的包里找出一张纸来，先在上面写了"故人已乘黄鹤去"几字，又在下面添加了"孤墓空影荒寂留"七字，正好对称。"故人已乘黄鹤去，孤墓空影荒寂留"这两句"现场组合"，恰当地表达了我们全家人看到孤独荒野中溥仪墓地时的真情实感。

　　到 2006 年前后，经溥仪家族成员力争，把郭布罗·婉容的一张照片移入了左侧那座空穴，或许也可以说是"皇后婉容的衣冠冢"了吧，后又把"祥贵人"谭玉龄的骨灰遗物安葬在了右侧那座空穴，完全没有李淑贤的位置。平民就是平民，假借"龙梦"，盼能为自己找一条与溥仪合葬的出路，最终不过是一枕黄粱，可怜淑贤为别人做了嫁衣！

　　把谭玉龄的骨灰移来与溥仪的骨灰合葬，这是否满足了溥仪生前的愿望不得而知，但作为中国末代皇帝溥仪的妻子李淑贤，就这样永远地离开了这个世界。

后　记

　　悠悠岁月，转眼之间从初识李淑贤到她去世整整过去了43个年头，而溥仪逝世至今已近半个世纪了。每当回忆往事，历历在目，不胜感怀！

　　作为溥仪夫妇的媒人和朋友，我们有幸见证了这位中国末代皇帝获特赦以后与李淑贤共同生活的多个片段，既为他们彼此相依的黄昏之恋感到欣慰，也为他们在晚年又不得不经受"文革"中各种磨难而深感痛心。多年以来，每当有记者或电视媒体访问时，我们总希望能把溥仪夫妇婚恋生活中最精彩、最美好的真实画面呈现给世人，而在每次谈话中都尽量不涉及那些不愉快的往事和个人隐私情节。然而，近年来有关溥仪夫妇的传闻还是在网络和媒体上大量涌现，对李淑贤的传言更多，这使我们感到有必要加以澄清，还原真相。

　　溥仪的一生几经沉浮，在人世间大起大落，反差之大，实属历史罕见！需要强调指出的是，溥仪在中国共产党改造政策的影响下，从一个封建统治者转变为一位自食其力的普通劳动者，这是一段了不起的传奇和史实。

　　溥仪和李淑贤结婚后，我们俩每次与他们约会、见面，都能亲身感受到经过"脱胎换骨"改造后的溥仪的平凡与亲切，这种感受是真切而生动的，给我们留下了深刻记忆。

　　人生经历多磨难，历经风雨见真情。溥仪逝世后，我们与李淑贤有了更多的接触，也就能更全面地了解李淑贤的性格以及她的为人处世之道。可以说，家庭烙印、个人经历、社会影响决定了她的性格，而性格又决定了她的命运。李淑贤临终时的孤独、凄凉，这可能就是因性格所决定的命运吧！

2010年春节期间的一次家庭聚会中，全家人围桌而坐，谈起与溥仪夫妇交往的难忘经历。鉴于社会上种种不实传闻，已经对溥仪夫妇的名誉和人格造成伤害，作为他们的媒人和朋友，无论从良心上说，还是从道义上讲，都有必要把我们亲见、亲闻，却又不为一般民众所知的溥仪夫妇的生活细节，完整、客观地记录下来。在家人和朋友们的鼓励下，我们拾起岁月的记忆，追寻往事的峥嵘，尽力还原那段真实的生活岁月。

此时此刻要特别感谢王庆祥先生，是他鼓励我们夫妇一定要把这段经历书写出来，没有他的大力支持和辛勤劳动，这部拙作恐怕也难以面世，那就无论对我们而言，还是对需要了解这段历史的读者而言，都是莫大的缺憾。希望这本书能为溥仪夫妇的最后岁月画上一个完整的句号。

"老骥伏枥弄拙笔，耄耋依稀忆故人。"在历时两年多的回忆和写作过程中，我们经受了病痛等各种困扰，几度想过放弃，唯靠彼此对故人的怀念，坚定的信心，坚持完成了这项工作，有机会让读者看到溥仪与李淑贤晚年全部生活的轨迹。在此也要感谢我们的家人和朋友，没有你们的孝心和鼓励，也不可能完成这项艰巨的工作。

最后衷心希望广大读者，通过我们对溥仪夫妇这段生活的讲述，能够留下一些感悟和启发。

（2014年秋于北京寓居初稿，2015年春改定）

刘淑玉

2015.2.8

图书在版编目（ＣＩＰ）数据

我为末代皇帝溥仪保大媒 / 沙曾熙，刘淑云忆述；
王庆祥整理. -- 北京 ：团结出版社，2016.6
　　ISBN 978-7-5126-4030-6

　　Ⅰ．①我… Ⅱ．①沙… ②刘… ③王… Ⅲ．①溥仪（
1906～1967）－生平事迹②李淑贤（1925～1997）－生平
事迹 Ⅳ．①K827=7②K828.5

中国版本图书馆 CIP 数据核字 (2016) 第 079957 号

出　版：团结出版社
　　　　（北京市东城区东皇城根南街 84 号　邮编：100006）
电　话：（010）65228880　65244790　（出版社）
　　　　（010）65238766　85113874　65133603（发行部）
　　　　（010）65133603（邮购）
网　址：http://www.tjpress.com
E-mail：zb65244790@vip.163.com
　　　　fx65133603@163.com（发行部邮购）
经　销：全国新华书店
印　装：三河腾飞印务有限公司

开　本：170mm×240mm　　1/16
印　张：13.75
字　数：215 千字
印　数：4045
版　次：2016 年 6 月　第 1 版
印　次：2016 年 6 月　第 1 次印刷

书　号：978-7-5126-4030-6
定　价：38.00 元